困難を抱えた子どもの保育臨床とファンタジー

浜谷直人

新読書社

目次

第2章　ヒーローごっこ遊びと集団づくり　42

第3章　ごっこ遊びの指導が苦手　

まえがき

ファンタジーで気持ちよく切り替える

7月の暑い日のこと。

園庭の真ん中にまで、水道のホースを伸ばして、空に向かって子どもたちに勢いよく放水をはじめる。降りかかる水を追い求め、子どもたちがキャッキャッと跳びはねる。水がかかるのは大人も気持ちがいい。保育者も子どもと一緒になって声を出して楽しんでいた。

部屋に入る時間が近づいた。「楽しかったね――！」「今日は、シャワー屋さん、閉店です～、また明日しようね～！」と言うと、どの子どもも満足げに部屋に戻っていった。

こんなとき、「お集まりの時間だから、シャワーはおしまいです」と言っても、気持ちを整理できない子どもがいる。ところが、「シャワー屋さんは、閉店になりました」と言われると、納得して切り替える。

こんな、ファンタジーの世界に誘いながら、子どもたちが楽しく切り替えている姿を、よく見かける。

いつもは泥遊びが大の苦手の2歳児が、「チョコレート工場に行こう」と言われると、泥んこになることができる。

トイレに行くように促すと手間暇がかかってしまうが、「パレードですよ」と言うと、手を振りながら楽しそうに廊下を行進していく。

子どもたち同士でも、「入れて」と言われて、「ダメ」ときつく言うのではなく、「今、工事中なんだ」と、やんわりと断る姿を見かける。

家庭でも、「お手伝いして」と言った時には、「イヤ」と拒否するのに、「味見してくれる?」とお願いすると「いいよ」と、コック気分で楽しくお手伝いする。

子どもと、上下関係ではなく、一緒に楽しく生活する仲間のような関係になる保育では、ファンタジーの世界を子どもと遊ぶ姿がよく見られる。生活には、しなければいけないことがあるが、それを、楽しみながら気持ちが向くようにしたい、そう思うとファンタジーを発想するのだろう。

もちろん、おとなの都合の良いように子どもを動かすためのテクニックではない。楽しい生活をつくりたい、そう思うと自然に生まれてくるのである。

ファンタジーモードを楽しむ

ジャンニ・ロダーリの『ファンタジーの文法』(筑摩書房)によれば、「ファンタスティックな仮定」とは、「もし……なら、どうなるだろう」という質問形式である。主語と述語を無作為に選び、その二つを結びつけると、ファンタジーが動き出すことになる。

通常では無関係な主語と述語をつなぐ物語がファンタジーなのである。

ロダーリに倣って、研修会で、こんな課題を出してみたことがある。

主語を「ナイフとフライパン」、述語を「卒業式に出席して涙を流した」として、それをつなぐ物語（ファンタジー）をつくってみよう。出席者は、みんな15分ほどで物語を作った。

近くの席の人（知りあいではない人）数人で、お互いの物語を紹介しあってもらい、そのうちのいくつかを、全体の場で読み上げてもらった。その中の一例は、こんな物語だった。

あるところに『ナイフとフライパン』がいました。親友だった2人は中学校を卒業後、立派なコックになるという夢を叶えるため料理学校に進学しました。ナイフの実家は古くからある農家で抜群に美味しいじゃが芋を作っていました。フライパンの実家は居酒屋をやっていました。学校に通いはじめて1年が経った頃、ナイフの実家は野菜嫌いの子が増えた影響を受け、売れ行きが落ち、農家を続けられるか危うくなってしまったのです。ナイフは実家を立て直すために休学して実家に帰ることになりました。フライパンはナイフのいなくなった寂しさ、悔しさをうめるように料理人への道を究めていきました。ところが、もう1年経った頃偶然のじゃが芋ブームが到来、休学していたナイフは学業に復活し、ナイフとフライパン2人でじゃが芋料理のお店

を出そうと決意。卒業後には2人でお店を出す目途が立ち、『卒業式に出席して2人で涙を流した』のでした。

どの物語の発表のときも、会場には、大きな笑い声が絶えなかった。長時間の講義が続いて煮詰まった、やや真面目で直線的な思考が解放されるゆるやかな時間であった。保育者というのは、もともとファンタジーが大好きだし、とても楽しくファンタジーを使いこなす。しかし、多忙だったり、切羽詰まった問題に直面したりしているときには、窮屈な論理モードにからめとられてしまって、身動きが取れなくなりがちである。

通常はありえないつながりを筋の通った物語にまでつくることは、想像的で創造的な営みである。だれにとっても、その過程で深い喜びを経験する。それだけでなく、直面している現実の縛りから、いったん、思考世界が解放されて、気持ちを自由にしてくれる。理詰めに考えると行き先が見えずに苦しくなる状況が、ファンタジーモードになると展望が開けてくることがある。

困難を抱えた子どもたちの保育とファンタジー

発達障がい、貧困、虐待などの背景を持った困難を抱えた子どもたちが増えている。それは、保育現場の実感であろう。しかし、困難を抱えている子どもは、そういう子どもたちだけではない。評価されることを気にして必要以上に委縮する子ども。集団活動に参加できないときや仲間から排除されるときに感情を制御できなくなる子ども。閉鎖的な小グループが生まれて、他の子どもが排除されてしまうクラスの中で悩む保育者。どの子どもにとっても居心地のよいクラスであってほしい、どの子どもも自分らしくのびのびとしてほしいいと保育者は思う。子どもたちが感じている困難に思いを寄せている。何とかしたいと、真面目に考えれば考えるほど、行き詰ってしまう。

何が問題なのかを理詰めで分析したり、綿密に計画を立てたり、周到に保育実践を構築することが重要であることは、もちろん、言うまでもない。一方、全国各地の素晴らしい実践を聞かせていただくと、ユーモア、奇想天外、臨機応変という言葉を保育者が使う姿によく出会う。常識的な発想からいったん離れてみて初めて保育が展開し、予想もできなかった姿の子どもが現れてくるという話を何度も聞いてきた。それは、計画通りに保育した時とは、また、一味異なる喜びを感じる保育なのであろう。

担任してみて、どうしたらいいか手がつけられなかったクラスが、卒園する頃には、楽しくて仕方のないクラスになった。そういう実践をたくさん聞かせていただいた。そういう時、ほとんど例外なく、保育者と子どもたちがファンタジーを楽しむ姿がある。

ファンタジーを楽しむ、そういう保育をしたいが、子どもたちがヒーローの戦いごっこばかりしている、どうしていいかわからない。表現することに苦手意識をもっている子どもにどう接したらいいのか戸惑う。ごっこ遊びをして子どもたちの気持ちを自由にしたいが、すぐに遊びが崩壊して発展しない。

本書は、こういうこと全体を保育の臨床的課題と位置づけて、ファンタジーを楽しむという視点から、保育実践を読み解く試みである。読者の方が、「こんな考え方もあったのか」と、いくらかなりでも視野が広くなっていただくことに貢献できれば幸いである。

第3章は、本書のために書き下ろしたものであるが、第1章、2章、4章は、既に公刊した以下の論文をもとに大幅に加筆修正したものである。

第1章　浜谷直人　２０１６　インクルーシブ保育と子どもの自己肯定感　幼児教育じほう　10月号　12-18

第2章　浜谷直人・江藤咲愛　２０１６　ヒーローごっこ遊び実践と集団づくり　首都大学東京人文学報５１２号　33-48

第4章　浜谷直人　２０１５　描画発達理論を拡張する：子どもの絵の苦手意識と保育実践の関係　心理科学　第36巻第1号　1-9

第1章、2章、3章は、実践者に保育実践をインタビューして、それをもとに、実践を再構成して考察した内容になっている。完成原稿を、各章の実践者に目を通していただき、公刊することの許可を得て本書に収録した。なお、実践した保育者の名前などは、仮名としてある。

この間、多くの保育者の方々から実践を聞かせていただいた。本書で紹介できるのは、その一部でしかないのは残念であるが、教えていただいた実践の楽しさや喜びを、少しでも多くの保育関係者に知っていただきたい、そういう思いで、考察し文章にしてみた。実践の深み、素晴らしさ、そして、保育は楽しいということを、読者の方々と共有できることを願っている。

第１章

ファンタジーで仲間が育った「困難だった」クラス

1-1 はじめに

４月になって、新しく担任をしてみたら「支援が必要な子どもばかりのクラス」だった。各地で、そういう保育者の困惑した声を聴くことが珍しくなくなった。最近の全国保育問題研究集会（略・全国保問研）や全国保育団体合同研究集会（略・全国合研）の実践提案には、そういう例をたくさん見ることができる。しかし、一つひとつの実践を読み込むと、そういうクラスだから困難が大きかったということが語られる以上に、卒園までに、支援児だけでなく、クラスの子どもたちが（予想以上に）育ったという保育者の喜びに触れることができる。思いがけないドラマが展開して、この子どもたちに出会ったことを今は、心から感謝している、笑顔で、そう語ってくれる保育者に出会う。そういう意味では、一見、困難なクラスを担任しているのだが、実際には、その経験によって保育者が成長し、同時に、保育者としてのやりがいや楽しさを、本当の自分のものにする、そういうことが起こっているのだろうと思われる。筆者は、そういう実践をピックアップ（発掘）して、全国各地で保育者にインタビューさせていただいた。

本章で、これから詳しく紹介する実践もその一例である。筆者は、この実践が発表された論文と発表原稿をもとに、担任の保育者に何度かインタビューさせていただいた。その過程で、実に多くのことを学ばせていただいた。本章で考察することは、その一部である。また、同時に、この実践を文章にしようとしたときに、従来の実践の書き方には不十分な点があることにも気づいた。以下、読んでいただくと、これまで読んだことのある実践記録とは少し違うと気づかれるだろう。

これまで障がい児の保育というと、少数の支援児を中心にして、クラスの多くの子どもが「他児」とか、「みんな」として無記名で記述されることが普通であった。しかし、当然のことだが、担任保育者にインタビューすれば、クラスの全員の子どもが名前をもって語られる。支援児だけに注目して記述することは、実践の全体像のリアリティを損なう。本来、そういう記述の仕方には無理があったのであるが、種々の制約があり、そうせざるを得なかった。そこで、本章では、1クラス21人全員の名前を明記し、その中で、特に特徴的なエピソードにおいて登場する子どもをカタカナ表記の仮名にして、他の子どもをアルファベット表記（男児はM、女児はF）として記述した。できるかぎり、クラス全体の子どもの様子を記述しようとしたのである。

同時に、クラスの子どもたちの関係を図式にして記述することを試みた。白紙を用意してインタビューしながら、そこで登場した子どもたちを、順次、書き入れて、相互の関係を矢印でつないでいった。これは、担任保育者2人（ヒロ先生とミナ先生・仮名）と筆者の共同作業の成果である。

筆者は、いくつかの園内研修に参加させていただいたが、その時に、全員の子どもについて、一人ひとりの特徴を語りあい、その相互の関係を表すエピソードを想起しながら保育者集団で関係図を作成することを試みてきた。関係図を作成すると、参加した保育者、とりわけ担任保育者は、自分の保育を深く振り返ることになり、今後、どうしたらいいか見えてきたという感想を持った。本章の実践の担任の2人も、図を作成する過程で、自分の保育をとらえ直し、何が良かったのか、さらに何が課題であったのかを見つめる機会になっていた。このように、本章は、2年間の実践経過を、文章と図式で表現することを試みたものである。

1-2 途方に暮れて戸惑いながら試行錯誤した4月頃

ヒロ先生もミナ先生も、担任することになったクラスのことについて、3歳児までの状況を聞いていたので、ある程度わかっているつもりだった。課題が多いクラスだとは理解していた。しかし、4月になって早々に想定を超えた状況になることに驚くことになる。

クラスの皆に話していると、突然女児が年長児の言っていることのまねをして「アンコール、アンコール」と大きな声で言い出す。そうすると、何だかわからないが楽しそうと、次々に子どもたちが「アンパンマン、アンパンマン」と言って騒ぎはじめる、それがなかなか止まらない。そして、次第にクラス全体が騒然となっていった。こんな2人にとって唖然とすることが次々と起こった。全体に向けて話をしても理解できない子が多くいて、「あれ?今言ったことわからなかった?」と、戸惑う毎日だった。

ほとんどの子どもは、言葉を理解することも言葉で表現することも未熟なように見えた。また、生活の見通しを持って行動することが未熟であるようにも見えた。このため、いったい子どもたちが、それぞれにどんな要求を持っているかがつかめないと感じていた。それで、まずは、園の生活を子どもたちにわかりやすいものにして、子どもたちが理解できる活動を導入することを当面の方針とした。とりあえず、天気の良い日は、毎日、散歩に出かけることにした。そうしながら、一人ひとりの要求を丁寧に汲み取り、機会を見つけて引き出し、その中でできることは実現していこうと考えた。

その頃(4月から6月頃)の、保育者と子どもたちの関係を図解したものが図1-1で

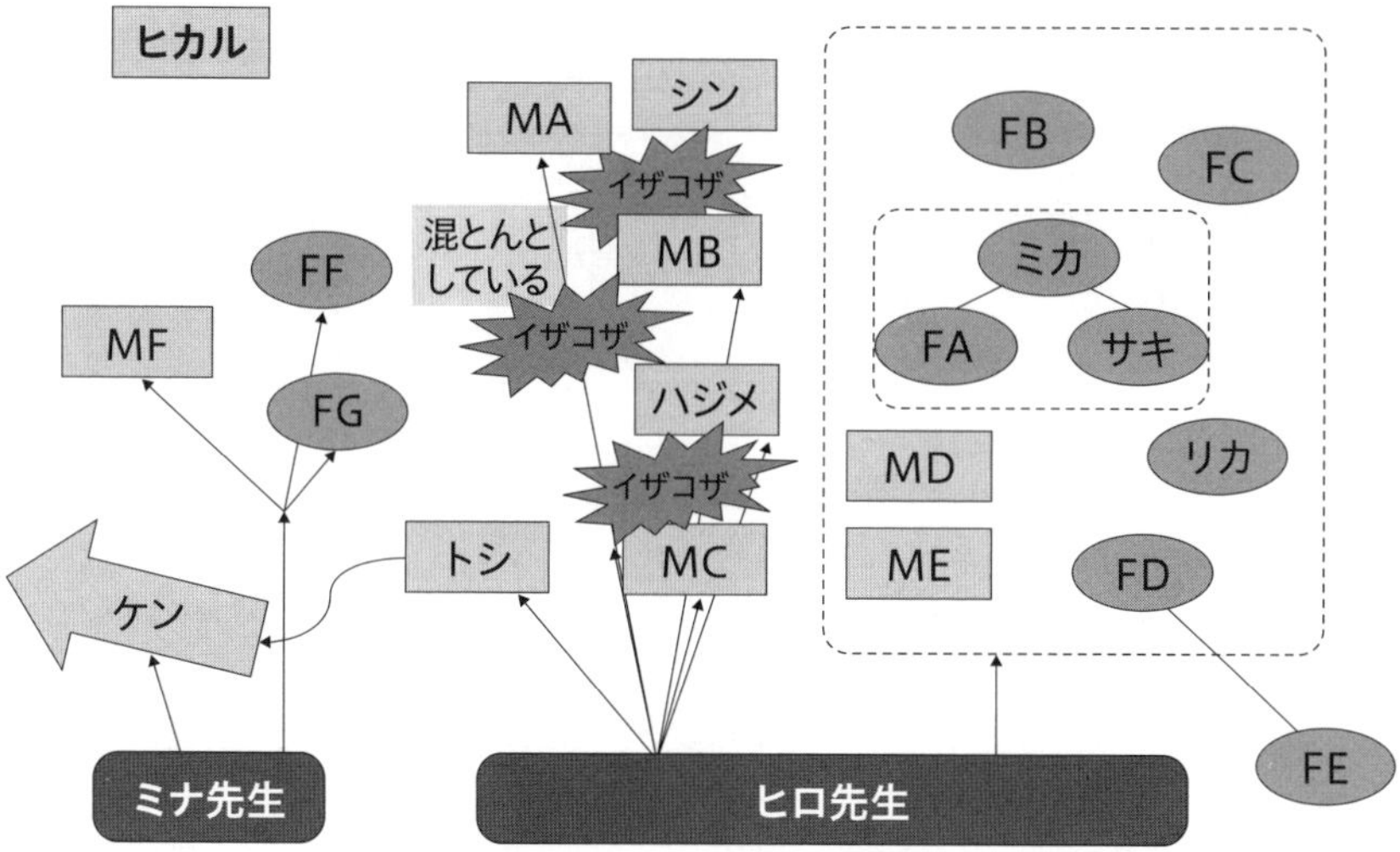

図1-1　4歳児クラス4月から6月頃の関係
(矢印は子どもたちへの働きかけを表す)

ある。

ミナ先生は、FFとFGへの対応のための加配された保育者である。この2人は、基本的な生活は自立していたし、目立った行動をするわけではなかった。ただ、友だちと一緒に活動しようとするのだが、状況やルールなどを理解することが困難なために不安になりやすかった。きめ細かく丁寧に支えることが必要な子どもだと感じていた。

一方、ケン(発達障がいの疑い)は、動きが激しく、いつもクラス集団から離れていた。それですぐに、ミナ先生はケンの傍について対応せざるを得なくなっていった。

図の右上の、ミカとサキは月齢が高く、クラスの中の「お姉さん的」立場にいた。ミカは、いろいろな点で能力が高かったが、時に他児に強い態度で接することがあり、集団のリーダーにはならなかった。サキはよくミカの近くにいた。FAは、この2人の近くにいた。担任がFAに話しかけても、それと関係のないことを言い続けることがあり、ちょっとしたことで怒ることがあった。リカは、このクラスでは「普通な子ども」という印象であった。FBは静かに浮遊し、FDは、いつもぼんやりしていた。MDとMEはよく一緒にいた。FEは、1人だけ離れて部屋の隅にいたり、ひたすら何かをいじって自分だけの世界にいたりしていた。

図の中央は、すべて男児であるが、4歳児とは思えない幼い様子だった。MAとシンは一緒にいたが、他の子どもは、それぞれ保育の流れと無関係に行動し、頻繁にイザコザを起こした。

当時、どう保育していいか戸惑っていた様子を次のように語っている。

女児は、「片づけ」と言っても、わかっているのに聞こえないような表情で返事もしない。それでも、女児は集まってきてくれた。一方、男児は、「あれ?片づけって言葉、わかる?」という様子だった。シン、MB、ハジメは、それぞれ、どんな要求をもっているのか、つかみかねた。混とんとしているという印象だった。ハジメは、名前を呼んで、「はーい」と向くようになったのが6月。それまでは、私たち(保育者）が視界に入っていなかった。混沌として、「もやがかかっている」感じだった。シンたち（3人）は、単純にわからないという感じだが、こっち（ハジメたち3人）はわからないこともわかっていない。2人でどうしようと話しあっていた。

子どもが何を考えて、何を期待しているか理解できないし、子どもとの関係をつくれないなかで、状況を把握できずに戸惑っていた。

1-3 加配保育者（ミナ先生）が、動きの激しいケンに寄り添った（5月〜6月頃）

当面、ヒロ先生が全体の保育を担当し、ミナ先生は、支援が必要な子どもを中心に担当することになる。ミナ先生は、どうしても、動きが激しいケンについていることが多くなった。ケンに、クラスの活動について教えたり説明したりしても、「ヤラナイ」と言って自分の好きなことを1人で遊び続けようとした。給食の時も、一緒に食べようと席に着くように促しても、すぐに逃げて園庭に行ったりしてしまった。それを、また呼びに行っては、逃げていくことの繰り返しだった。

（ケンを）追いかけることに疲れてしまい、ケンが何をしたいか、その気持をつかめなかった。5月のある日、「もう、お集まりは終わったよ、今日は、これから外で遊ぶから」と言ったら、笑顔で「宇宙旅行に行く」と言った。その意味がよくわからなかったが、しばらく一緒に遊んだ。ケンのその世界に寄り添うと、2人のやりとりが続いた。そうしたら、初めて自分から給食に向かった。覚悟を決めて「一緒にいっぱい遊ぼう」としたら、意外に楽しくすごすことができた。ケンは「宇宙」、「警察」に関係するDVDを家で見ていて、そのイメージの世界で遊ぶことが好きだった。ただ、その遊びの言葉遣いが難しかった。しばしば、「…刑事?」と質問すると得意になって説明してくれ、楽しく会話できた。そういうことが続くうちに、「昨日の遊びしよう」と自分から誘うようになった。

ケンと2人で警察のイメージで遊んでいると、その様子が楽しそうに見えたのか、トシが興味をもって近づいてきた。友達とつながってほしいと思っていたので、これはしめたと思った。ケンとトシがつながるように、ケン独特の警察イメージや言葉をトシにもわかるように伝えると、トシは、「ここで事件が起きたんだね」と、楽しそうに応えてくれて会話が弾んだ。ケンにはそれがうれしかったようだった。

しばらく、ミナ先生は、ケンとトシと一緒に遊ぶことが多くなった。そのうち、ケンは、他の子どもの活動にも気持ちを向ける場面が見られるようになった。ミナ先生は、ケンの気持ちや状態について、「この雰囲気は苦手だな、もう少し待って、少し休んだらこちらに来る」というように理解できるようになった。どうしたら、ケンが安心したり納得できるか、少しずつわかるようになった。

1–4 全体の保育担当（ヒロ先生）が子ども一人ひとりと関係をつくりながら、クラス全体の活動を試行錯誤した（5月〜6月頃）

ヒロ先生は、子どもたちが、言葉かけや保育の流れを理解できない理由がわからなかった。

この子はなぜわからないのか、それがわからない。（図1-1の）中央の男児が頻繁にケンカする理由がわからず振り回された。とりあえず、一人ひとりと遊んで、関係をつくることで理解しようとした。ひたすらつきあうしかなかった。給食後の時間、ミナ先生が片づけして、自分は子どもと遊ばせてもらっていた。そのうち、（図1-1の）右上の子どもたちが集まってきた。あるとき、『どろぼうがっこう（加古里子）』を読み聞かせたら、楽しそうに聞いてくれて、何度も読み聞かせることになった。そのうち、自分が、くまさか先生役になって、FA、リカ、ミカと、ごっこ遊びをはじめた。そうすると、しばらくして、他の子どもも、そこに集まってきた。いつもは、「静かにして、お話を聞いてください」と言っても、すぐに騒がしくなったが、くまさか先生になりきって「ばっかもん、ちゃんと話を聞け」と言うと、「へい、親分、わかりました」と言ったりして、みんなで大笑いしながら話を聞いてくれた。そういうとき少し気持が楽になった。

その後、午睡前の時間に、（図1の）右の子どもたちが急いで着替えて、どろぼうがっこうごっこ遊びを楽しむようになった。一方、中央の男児は、給食、片づけ、着替えなどの生活に手間取って、しばらくは、その遊びに間にあわなかった。しかし、どろぼうがっこうごっこの楽しそうな様子に気持ちが惹かれて、徐々に参加するようになった。

1-5 実践が転回するきっかけ：保育者も子どもも楽しくなると道が開ける

この実践は、最初から計画したわけではないが、ケンにミナ先生が対応する部分と、多数の不安定な子どもたちにヒロ先生が働きかける部分に分かれる形ではじまった。両方とも、しばらくは、どうしていいかわからず困惑した状態だったが、比較的短期間で、転回点（好転する時期）を迎えている。

ケンへの対応では、ミナ先生がケンの世界の魅力を理解して一緒に遊ぶことが楽しくなった時点で、実践は展開することになった。一般的に、加配保育者が支援児をクラス全体のところに連れていこうとして、クラス全体の活動に関心を向けさせようとする、そういう実践はよく見聞する。しかし、それにこだわっていると、いつまでたっても支援児が拒否して、かえって孤立した状態が続くことになりがちである。

一方、それとは逆に、支援児のしていることに、たまたま他児が関心をもつことがあり、それを見逃さずに支援児に他の子どもや保育者がよりそうようになっていくという実践がある。支援児を含む最初の2、3人での活動が楽しくなって、それを契機に、支援児がクラスの活動に関心を向けるようになるという実践報告は少なくない。もちろん、そのように実践が発展するまでには、ある程度の時間が必要であり、保育者はあせらずに待つ必要がある。4月最初から、クラスの子どもたち全体での活動を形にしようとしたり、保育者の指示に一斉に子どもたちが従う、そういうイメージをもった途端に行き詰ってしまうことはよく見られることである。

もう一方の、多数の子どもに対して、ヒロ先生は、最初はいろいろな遊びを提供しようとしても手ごたえがつかめなかった。しばらくして、たまたま数人の女児が『どろぼうがっこう』に関心をもって、それが、子どもにとっても保育者にとっても楽しいごっこ遊びになった時点で実践が展開している。この時、仮に午睡前に、全員の子どもが集まるのを待って、それから一斉に遊ぶということにしていれば、おそらくこのようには展開しなかったであろう。楽しく遊んでいる、小さな集まりの魅力が周囲に伝播して、次第に、多数の子どもが一緒に楽しめるものになったというのが自然な経過であろう。

また、ヒロ先生はカツラをかぶったりして、くまさか先生役になりきっていた。そのごっこの世界は、子どもにとって楽しく魅力的だった。それで、「しずかに、話を聞け、子分ども」と言われると、子どもたちは、子分になったような気持で、「へい、わかりました」と答えてくれている。これが、日常の子どもたちとのコミュニケーションにつながっていくきっかけになっている。

この2つの、子どもも保育者も共に楽しい気持ちになれることが起点になり、実践が展開していった。

1-6 少人数の仲間関係ができて遊びが展開する（4歳児クラス2学期）

女児3人とヒロ先生からはじまったどろぼうがっこうごっこ遊びに、しだいに子どもが集まり、クラス全体が大好きになっていった。そこで、発表会の劇にすることになった。好きな友だちがいくつかのグループになって、どろぼう役とくまさか先生役になり、「……を盗んでこい」「へーい、わかりました」「もっといいものを盗んでこい、ばっかもーん」というセリフを言ったりして楽しく練習した。

その練習の時の子どもたちの関係が図1-2である。右上は、ミカを中心とする比較的高月齢の女児8人が集まって、どろぼうがっこうのイメージを持ちながら子どもたちだけで練習することもできた。右下のFCは、ミカたちに憧れて、ミカたちと一緒にいたいのだが、そこでは自分の意見を言ったりして自分を発揮することができない。それで、FFやFGをリードすることで、自分の居場所を確保していた。

左上は、ミナ先生がケンに寄り添いながら、トシと一緒に練習している。そこに行けば、ミナ先生と一緒にいることができるので、MD、ME、ハジメの3人がミナ先生目当てに集まっている。

中央下のヒカルは、ユニークで楽しい発想をする。ただ、家庭的な背景があり、園を休

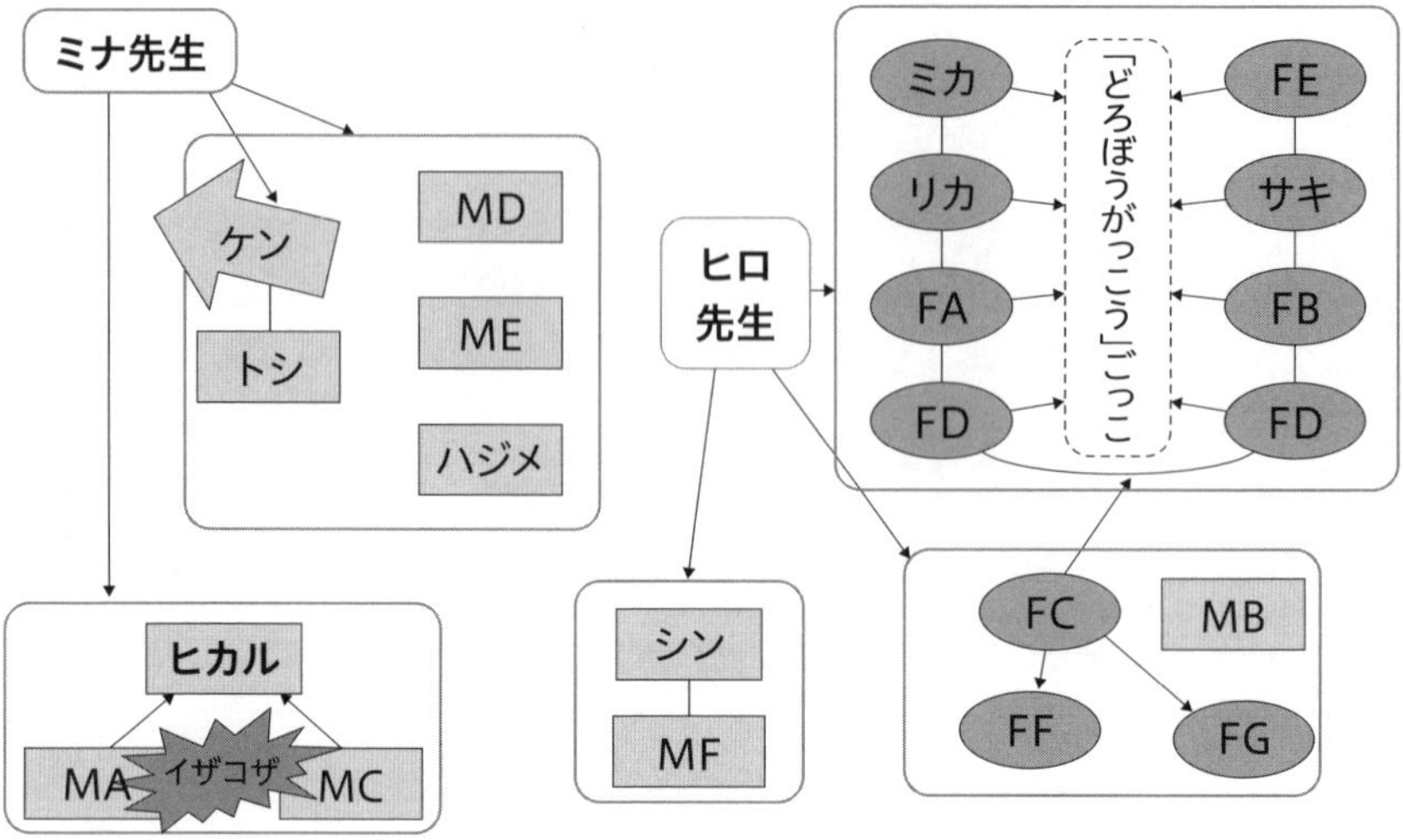

図1-2　4歳児11月頃の関係

むことがしばしばあった。そのヒカルと一緒に遊びたいMAとMCが、ヒカルをめぐって奪いあうような形で、よくケンカをしていた。このため、なかなか練習にならなかった。そこに、ミナ先生が入って劇の練習を進めると、ある時、MAが「オナラ（を盗む）」と言って、ヒカルもMCもげらげら笑い、3人でふざけながら練習していった。

中央下の、言葉の発達が未熟なシンとMFは、どこから盗んできたかと質問されても、毎回、違うことを言って練習にならなかったが、そのたびに、ヒロ先生が支えることになった。

どろぼうがっこうの原作の物語にそくして練習していたグループが

あった一方で、原作に触発されながらも、勝手なイメージでふざけながら遊ぶグループもあった。いずれにしても、楽しく練習が進行して発表会を迎えた。発表会当日は、会場は笑いに包まれた。

ケンは、全体での練習に参加することはなかった。そこで、「発表会はどうする？」と聞くと、「隠れてパソコンで犯人を監視している警察」をしたいと言った。それは、原作にはない役だったが、本人の希望を認めることにした。当日は、舞台の後ろ隅にいたまま（観客からは見えない）「警察官」になりきり、劇の筋とは関係なくその場に一緒にいるというケンなりの参加の仕方であった。

1-7 それぞれに自信をつけた夏祭り活動（5歳児1学期）

5歳児クラスになった時、2人の担任は、5歳児らしく集団を意識することで成長してほしいと考えた。たとえば、イザコザの時には、当事者だけでなく全員を集めて、「どう考える？」と問いかけた。そういうことを続けていくうちに、女児の中には、自分の意見を言葉で言うことができるようになった子どもが出てきた。中でも、リカとFCは、5歳児らしく成長したと感じた。

また、集団的目標が明確な大きな行事で、一人ひとりが自分を発揮して成長してほしいと考えた。そこで、まず、最初の大きな行事である夏祭りでは、子どもたちを2チーム

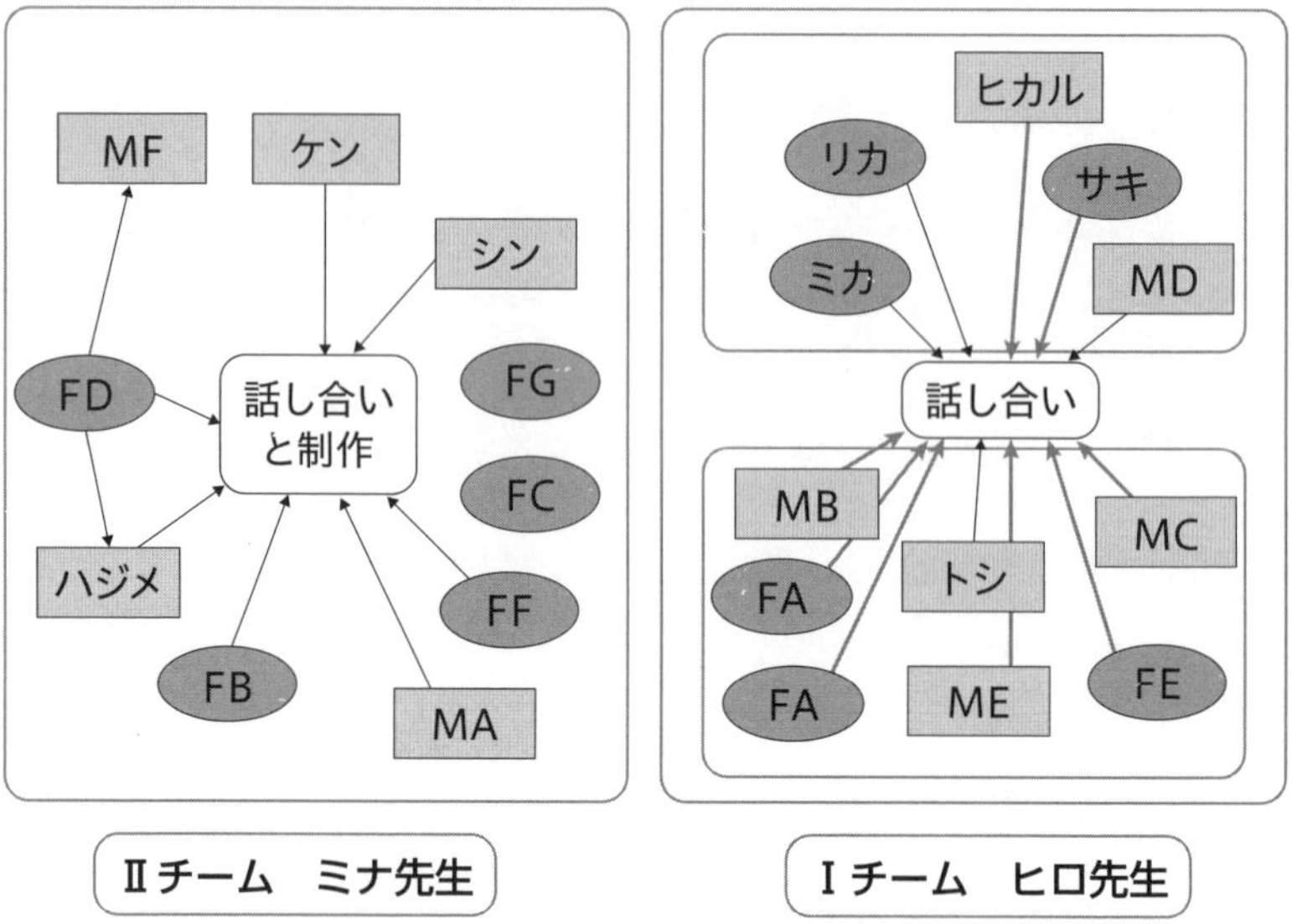

図1-3　5歳児夏祭りの頃の関係

（図1-3）に分けて、それぞれ神輿づくりに取り組むことにした。高月齢の女児と、自分でアイデアを出すことができる男児のチーム（Ⅰチーム）と、話しあいができること自体を目標にしたチーム（Ⅱチーム）である。

Ⅱチームは、みんなでつくることの楽しさと喜びを感じることを目標にしたグループである。作業をわかりやすくして楽しい雰囲気を大切にした。そのうち、FDやFBがアイデアを出して、お互いに教えあうようになった。また、話しあいの時に落ち着かないMFを、FDは自分の膝に座らせて、話しあいに参加できるようにした。それまで「モヤの中にいた」ような感じだったハジメは、この時、神輿に飾る精巧な虫をコツコツとつくった。この時、ハジメが実は虫博士だったということがわかった。ヘラクレスオオカブトのつくり方を友だちに教えた。FDが、「ハジメ君に教えてもらったら（こんなすごいのが）できた」と、グループの仲間に伝えると、みんなから、「すごいね、ハジメ君」と言われて自信をもつことになった。

Ⅰチームでは、どんな神輿をつくるか、最初は、それぞれが勝手なことを言ってなかなかまとまらなかった。ある日のことである。

トシが「素敵なお神輿がいい」と、意見を言ってくれた。それを受けて、MDが、それまでのみんなの意見を自分なりに考えて、「冷蔵庫お神輿」をつくろうと提案した。冷蔵庫ならば、皆がつくるものを、その中に入れることができるので、みんなが、それでいいと納得した。虫をつくっていたので、「虫は（どうする）？」という質問が出てきたが、「磁石にすればいい、冷蔵庫に磁石をつける」という意見が出てきた。それを、トシが「いいね」と言って、皆がこの案を受け入れた。この時、トシの発言で話しあいが前に進んだ。トシは、依然としてしっかりはしていないが、良い一言を言ってくれた。お神輿ができあがった時に、「子どもでやってすごいなと思った」とうれしそうに言ってきた。それまで、何を思っているのかわからなかったのに、はっきり自分の思いを言うようになった。

その後、冷蔵庫の色をどうするかの話しあいになり、3人が「白がいい」と言ったが、ミカが、「水玉がいい」と強い口調で言うと他児が何も言えなくなった。そこで、ヒロ先生が、みんなのつくりたい神輿をつくることに決めたことを思い出してほしいと投げかけた。

「リカ、いいこと考えた、半分にして白と水玉にすれば」と提案してくれた。ミカの強い態度に負けず、ミカの意見も汲みつつ皆が納得することを考えて提案した。リカは、それまでミカたちについていっているだけだったが、自分の意見を言えるようになった。

お神輿づくりは、提案した人がリーダーになり、前日にヒロ先生と打ちあわせて、他の子どもにつくり方を教える形ですすめた。リカ、ミカ、サキ、MDが中心になり、その周囲にMBやFAがいて、皆でつくろうという雰囲気ができて5歳児らしいチームとして活動することができた。この活動を経験して、リカとミカは「年長らしいお姉さん的なリーダー」に育った。担任は、夏祭りを経験することで、クラスの全員が協力して一体感をもつ仲間になったと感じ、子どもたちがそれぞれに一歩成長し、ようやく年長児らしい姿が現れてきた手ごたえを感じている。

祭りのセレモニーでは、保育者が先頭になり、その後を2人が灯籠を持って2列に歩く。職員は、ケンに先頭を任せるのは難しいと反対したが、担任は、ケンにはできると確信して、FDと二人で先頭にすることにした。

ケンは誇らしげに先頭を務めることができて、それが自信になった。この時から、ケンは行事に向かう気持が変わり、何かを突き抜けた感じがした。Ⅱチームの子どもたちも、お神輿づくりの作業過程で、一人ひとりが、お互いの魅力を見つけて認めることになった。できあがった時には、「俺たち、やったぜ」という仲間と共に達成感を味わうことができた。そういう成長を感じた。

1-8　5歳児後半のクラスの様子と、子どもたちの育ち

2学期になり、好きな友だちでいくつかのグループができた。ケンはハジメとヒカルをとりあってよくケンカしたが、以前のように1人だけでいる姿を見かけることがなくなっ

た。

12月の発表会では、『おたまじゃくしの101ちゃん（加古里子）』の劇に取り組んだ。遊びながら、子どもたちが即興でセリフを言ったりする形で練習を進めていった。ケンは、自分で役とセリフを決め裏方でも活躍した。他児が練習している時にも関心を持ち、全体での練習では、ステージ袖で静かに待つこともできた。発表会当日には、自分のセリフだけでなく、欠席したヒカルのセリフも完璧に言って代役までやり遂げた。

MDとトシの2人（4歳の時は恥ずかしがっていた）は、アメンボウ役で水上を滑るように手足で上手に表現した。恥ずかしさを乗り越えて、自信をもって2人で表現するまでに成長した。

（トシは）、スケートの動きを考える時に、アイデアを出した。去年の姿からは想像できない。本番が近づいたときに、「おれさ、ほんとの時、ちゃんと言えるか心配」と言ってきた。そんなことまで思うようになったと思って、それを、皆に話したら、「自分もドキドキする」とか「ドキドキして小さい声になっちゃう」とか、それぞれに自信はあるけど、ほんとは心配だと話してくれた。

自分の弱い部分も友だちに素直に伝えられるような仲間関係になってきた。

トシは、ビデオで練習を見返した時、「セリフを言うのは大きい声がいいと思う」と発言し、楽しいだけでなく、しっかりやりたい気持を持つまでに育った。

4歳の時から、ミカとサキの傍にいたFAは、ミカと離れてFBと仲良くなり、お互いにほっとできる関係になった。FEは、それまで1人だけ離れていたFFと仲良くなり、他児を遊びに誘うようになった。ミカのそばでなにも言えなかったサキは、対等な関係になり2人で力をあわせるようになった。

男児では、MDとトシがクラスのリーダーになるまでに育った。

卒園が近づいた時に、クラスみんなで、びゅんびゅんゴマと荒馬に取り組んだ。リカは、コマが上手で友だちに教えていた。MDが不器用で回せなかった。

（MDが）先生や友だちと一緒にやってもうまくいかないときに、リカが一緒にやろうって。一緒に回すけど、傍で見ていると、MDは紐の引き方が荒くて回らない、そのMDのタイミングにあわせて、リカが紐をやってくれた。MDはリカが微調整してくれたこともわからず、回ったとすごく喜んでいた。リカは、友だちのことを良く見ているし、あわせる力もある。いろいろな人のことを静かに支えている人なんだな。

この実践が展開していく要点はどこにあったかを整理しながら、この実践から学ぶべきことと課題について検討してみよう。

1−9 ケンの成長と、集団活動への参加

5歳児クラスの2学期以降、ケンは1人でいることがなくなり、いつも友だちと一緒にいるようになった。そして、発表会では自分のセリフだけでなく欠席した友だちのセリフまで言った。4歳児クラスのケンの様子からは想像できないことであった。

仮に、ミナ先生がケンをクラスの全体の活動に入れることにこだわっていたら、ずっと1人でいるままに卒園を迎えたかもしれない。逆説的に見えるかもしれないが、1人の世界を大事にすることが十分にされて、そして、その自分の世界を受けとめ理解してくれる人がいてはじめて、他の子どもへ気持ちを向けることができるということは、多くの実践で語られることである。

筆者は、かつてこんなエピソードを聞いたことがある。2歳児の女児の自閉症の子どもが便器に顔を覗き込むようにしてずっと水を流していた。水流を見ているのが楽しいのか、その時の音も楽しかったのかもしれない。加配の担当だった保育者は、その子がこんなに長時間、覗き込んでいるのは、何か楽しいことがあるに違いないから、自分も、その子どもの便器の隣の大人の便器に覗き込んで水を流し続けた。そしたら何かが「わかった」のだという。その時から、その子どもと自分は「盃を交わした」のだと言って、それから、その子は、しだいに友達といっしょにいることができるようになった。

自閉症児は、たいてい、1人で、同じ（ように見える）遊びを長時間、1人で続けている。ちらっと見ただけでは、同じことをしているように見えるが、よく見れば微妙に変化していたりする。いずれにしても、長期間続けるので、見事に上手になる。それに興味をもつ子どもがいて、その子どもの方から自閉症児に近づき一緒に遊ぶようになる。実際に起こっていることは、その子どもが自閉症児に遊びを教えてもらうことであろう。そうすると、その子どもも次第に熟達し楽しくなる。それを他の子どもに教えたりすると、自閉症児の遊びが、しだいに他の子どもたちにも広がっていく。そうすると、自閉症児が、他の子どもの活動に興味を示すようになる。

自閉症児をクラスの活動に入れようとしてもうまくいかないというのは、よくある話である。しかし、自然にクラスの子どもと関係がつくられるようになったと語られる実践においては、実際に生じているプロセスはこのようなことなのであろう。

その際ポイントになるのは、「楽しい」ということである。ミナ先生は、ケンの警察遊びが楽しくなり、そのうち、トシも一緒に楽しむようになった。形だけマネしても、お互いにつながることはできない。子どもを育てる力とは、子どもの遊びや世界を心から楽しいと感じることができる力なのであろう。

1-10 ファンタジーのもつ不思議な力：良質な素の自分を出すことができる

ヒロ先生が、くまさか先生役になり、子どもたちがどろぼうがっこうの生徒になり切って遊びはじめた時に、「おーい、おまえたち、ちゃんと、静かに話を聞け、バッカモーン」と言うと、子どもたちが「へーい、わかりました、親分」と言って、先生の話を楽しく聞いてくれた。それまで「これから大事な話をするから、聞いてね、みんな」と言っても、聞いているのか聞こえているのかさえわからなかった状況が辛かったヒロ先生にとって、これはほっとできるうれしいことだった。

これは、ファンタジーの世界に入ることで、子どもたちが普段の姿とは異なる振る舞いを見せる現象である。保育実践が展開していく過程において、このようなことは必然とは言わないにしてもよく見られる現象である。

普段は怖気づいているのに、忍者になりきることで勇気が出てくる、辛いことでも我慢して挑戦する、普段は物を乱暴に扱うのに、自分たちがつくったロボットを友だちのように思うことで丁寧に接して大切にする。このようなエピソードは、保育現場では、きわめて日常的に生起している現象であろう。

クラスが困難な状況にあり、なんとかしなければいけないと保育者が考えればば考えるほど、「真面目に」「言い聞かせたり」「指示したり」することになりがちであるが、それでは一向に状況は改善されない。

保育者の話を一向に聞いていないように見える子どもであっても、話を聞こうという気持ちがまったくないわけではない。ルールを守らない子どもにも、ルールを守りたい気持ちがないわけではない。しかし、しばらくクラスの雰囲気がふざけている状況が続いていて、自分がその一員としてふざけていれば、突然真面目になったり聞きわけのいい子どもになるのは、気持ちの上で抵抗がある。

ファンタジーは、子どもの素の自分の中にある良質な部分を、自然に出すことができる舞台を用意してくれるのであろう。

たとえば、場面緘黙の子どもがウサギのパペットをもって、自分が言うのではなく、ウサギさんが挨拶するんだよと言われると、小さな声で「こんにちは」と言えた、というようなことはよくある話であるが、これも、ファンタジーの力を借りることのわかりやすい一例であろう。

もちろん、一種のテクニックとしてファンタジーを使うとすれば、そういう力は生まれてはこない。この実践では、保育者も、子どもたちも、たまたま、どろぼうがっこうの世界を大好きになって、それを演じるのが楽しかったのである。楽しい、楽しんでいる、ということが不可欠なのである。みんなで楽しくなっているという雰囲気が生まれ、その中では、安心して自分が本来持っている良質な部分を出すことができるようになるのである。

1-11 ファンタジーが展開すると、子どもの持ち味が活きる

4歳児クラスを担任するのは苦手、という保育者の話を聞くことがある。3歳児までは、楽しそうだと思えば、すぐに乗ってきてくれて素直に遊ぶ子どもが多い。良い意味で、無邪気なので、担任は、とにかく、「楽しいよ、一緒にやろう」と、呼びかけると気持ちよく一緒に活動してくれる。

ところが、4歳児になると、子どもは少し先のことが見えるようになってくる。それは、見通しをもてるという意味では成長だが、一方で、自分はそれはできない、上手にできないと怖気づいたり慎重になったりして様子をうかがう子どもが増えてくる。だから、呼びかけても3歳児のようには素直に応じてくれない。行動するには、4歳児なりの理由が必要になってくる。その理由が、大人にはなかなかわかりにくいし、そもそも、子どもが自分でもよくわからないままに混乱したり立ち往生していることがある。

また、自分と友だちとを比較する力が育ち、「……ちゃんのようには上手にできない」と思って、できそうなことにまでしり込みする子どもが出てくる。

このようなことがあって、担任としては、子どもたちと一緒に楽しく遊ぶことが難しいと感じることになる。

また、4歳児になると、クラスの中で、いわゆる「なんでもよくできる子」と仲間から認められる子どもが出てくることが多い。そうすると、自分で遊びを考えるよりも、できる子どもについて行って、その子どもの発想で遊ぶ方が楽しいと考えるようになる。同時に、何でもできる子を囲む固定的で閉鎖的なグループを生まれることがある。

一時的にそういうグループができることはよくあることだが、それが5歳児クラスにまで続くことがある。そうすると、子どもの間に一元的な「できる・できない」「上手・下手」という序列関係がつくられていくのである。はじめは、たしかに何でもできる子どもの発想は楽しいのだが、しだいに、楽しくなくてもそのグループを維持したり、自分がそのグループの一員であることを確保するために一緒に活動することになる。そのうち、遊びは停滞し、楽しくもないのに一緒にいることになる。

楽しくないのに一緒に集まって行動することは、深刻な弊害を引き起こすことになる。自分たちのグループ以外の子どもを見下したり、特定の子どもを意図的に仲間関係から排除しようとしたりする。一種のいじめといってよい状況がクラスの中に生まれることになりかねない。

4歳児を担任することが苦手と語る保育者の中には、そういう「楽しくない」「排除的」「序列的」クラスになっていくことを防ぐことができなかったという苦い記憶があるという場合がある。

たいていは、4歳児後半になると、「何でもできる子」は、「…はできるけれど、……は苦手」「……は…さんの方が上手」というように、子ども間での位置づけが変化し、子どもたちはお互いのことを一面的ではなく多面的にとらえることができるように育っていく。そうして活動ごとに、活躍する子どもが変わるようになる。それが、健全な仲間関係であり、健全なクラスである。

こうして、一時的にできる子とできない子という序列的な関係が生まれても、楽しい活動を集団的に経験することで、とりわけ、この実践の「どろぼうがっこう」のようなファンタジーを楽しみ、それを積み重ねるうちに、多様な局面で、いろいろな子どもが活躍することを実感していく。一見、できない子どもとみられていた子どもの持ち味によって、みんなの活動が楽しいものに発展したり、自分ではできなかったことを援助してもらったりして楽しくなるという経験をする。そうして、しだいに、どの子どもにとっても、居心地がよく、自分らしさが発揮できるクラスになっていく。5歳児クラスをむかえると、さらに質の高い活動で、互いに協働して何かを成し遂げるまでに育つ。

この実践では、担任が語るように、クラスの子どもたちは、全体に少し幼い子どもたちだった。4歳児の時は、ミカを中心とした少人数の子どもが、やや、閉鎖的なグループをつくっていた。実践過程を振り返ると、5歳児前半頃からから、通常、4歳児クラスの後半の子どもの育ちにみられるエピソードが語られている。わかりやすい例は、5歳児のお神輿づくりで、ハジメが虫博士として持ち味を発揮したエピソードであった。それは、ハジメが自分から主張したわけではなく、その時期、幼い子どもたちをつなぎ支えるような役割を担っていたＦＤが、ハジメに教えてもらうことで自分もすごい虫をつくることができたと、そのうれしさを、子どもたちに伝えていた。

どの子どもも、いろいろな持ち味を持っている。それが活きるような活動が豊かに展開することで、支援が必要な子どもも含めて安心してすごすことができるクラスになっていく。そうして、卒園を迎えるころには、落ち着きない時があったりするけれど、このクラスで仲間と一緒にいてよかったなと思うことができるようになっていく。

第2章

ヒーローごっこ遊びと集団づくり

2-1 ごっこ遊びで子どもは育つがヒーローごっこは敬遠される

子どもは遊びを通して育つというのは、今日、幼児期の保育に関わる専門家の間では広く共有されている見解である。幼児期の遊びは多様にあり、それらの発達的な意義などを一律に論じることはできないが、その中でも、ごっこ遊びは代表的な遊びであり、その意義についても広く認められている。

ごっこ遊びについて、研究者と実践者が、豊かな保育実践を創造することをめざしてていねいに検討した業績として、『ごっこ遊びの探究』という労作がある（八木 1998）。

現実の世界では、子どもは大人の手を借りなければ生活できないという意味で受け身にならざるを得ないが、ごっこ遊びという虚構においては、子どもは遊ぶ主体として全体の運営の権限と責任をもつ経験を味わえるという特徴があるので、子どもは自己発揮して自己の世界をつくり上げることができる点に注目している。

子どもは、オモシロイと思うからごっこ遊びするという点に立脚して、子どもが自ら主体的に「また、やりたい」「もっと、やりたい」となるエネルギーそのものを考えることを研究課題として、保育実践へ示唆に富む成果を生み出している。

なるべく肯定的な価値をもつごっこ遊びを取り上げるとして、テーマによって、ままごと、先生ごっこ、お店ごっこ、乗り物ごっこ、劇遊びの5種類に分類しているが、TVのキャラクターごっこのような遊びは意図的に除外している。

確かに、保育現場で子どもたちがTVのヒーローごっこ遊びをしている姿をよく見かけるが、保育関係者からは、好ましくない遊びとして敬遠されたり忌避される傾向がある。

友定（1999）は、戦いごっこ（ヒーローごっこ）は、「集団のこわれ易さ」を内包していると言う。確かに、子どもはたいてい、悪者の役をすることを嫌い、戦いで負ける役になることも嫌う。そのため、数人で遊んでいても、全員がヒーロー役をやりたがり、悪役のなり手がいない状況が普通である。誰かが悪役になった方が遊びとしてはおもしろいはずであるが、仮にそうしようとした途端に遊び集団が崩壊しかねない。

また、遊び集団の中では、子どもたちは集団を維持するために攻撃のふりをしても、決して戦いはしないという。たしかに、実際に戦うことになれば、ふりではなく本気になりかねないので、子ども間の力関係が表面化したり、遊びにおける役割が固定化したり、あるいは、実際に苦痛を感じたりして、遊び集団が崩壊することになる。

このように、ヒーローごっこでは、実際に戦って叩いたりすると集団が崩壊しかねず、誰かを悪者役にすれば遊び集団を維持することが困難になる難しさに対して微妙なバランスをとりながら、子どもたちは遊んでいると考えられる。

以下に示す、飯野（２０１２）の事例は、そういうヒーローごっこがもつ問題性をあからさまにしたエピソードとして興味深い。

幼稚園の4歳児の1学期、男の子5人組はいつもウルトラマンごっこばかりしていた。「僕たちはウルトラマンが好きなんだ」という雰囲気を出して盛り上がっていた。先生は、別の遊びに広がってほしいと思うが、2学期になっても、朝の会の時間までもウルトラマンになりきっていた。先生は「楽しそうにやっているので、やるなとも言えないし、でも、そればかりでいいのか」と迷う。その頃、1人が家で「幼稚園に行ったらウルトラマンごっこしなくちゃいけないんだ」と言っていたことを知る。

ヒーローごっこでは、遊びはじめた時には、子どもたちはヒーローに変身して、ヒーローのふりをすることが楽しい。しかし、その後、遊び集団を維持しようとして微妙なバランスをとるが、そのために、かえって遊びを展開することができない。その結果、楽しいふりをして形だけ遊びを維持するが、実際は楽しくない状態になってしまう。4歳児において、すでにそういう複雑な気持をもちながら遊んでいることを、このエピソードから知ることができる。

以上は、ヒーローごっこ遊びに内在する問題点の一端にすぎず、おそらく保育者は、ヒーローごっこについてはもっと多くの問題があると感じているのだろうと考えられる。

一方、お家ごっこやお店屋さんごっこでも「集団の崩れやすさ」をかかえることがありうる。たとえば、全員がお母さん役や店員役になろうとして、お父さんやお客さんのなり手がいないとか、お母さん役が、子ども役に対して一方的に言い聞かせるような役割を続ければ、楽しくなくなって遊び集団が崩れてしまいかねない。そう考えれば、すべてのごっこ遊びに同様の問題はありうる。

それでも、ヒーローごっこには、他のごっこ遊び以上に、集団の崩れやすさ等の問題点が内在していると考えられる。言い換えれば、ごっこ遊び一般がかかえる保育実践上の問題点が、ヒーローごっこでは顕在化しやすいということができる。

本章は、このようなヒーローごっこの特徴を考慮して、ごっこ遊びが質の高い遊びとなるようにいかに実践を構築するかという課題について、1つのヒーロー遊び実践を取り上げて、その実践経過を検討する。その上で、幼児期後期、就学が近づいた時に、子ども集団が自制心を発揮できるように育つ上で、ごっこ遊び実践の意義について考察する。

2-2 ヒーローごっこ実践事例

これから取り上げる実践は、1人の幼稚園教諭の実践であり、自分の実践を想起しながら語った語りを文字化してまとめたものである。

ナルト[1]ごっこ遊びの実践

200×年度　公立幼稚園5歳児クラス　6月から7月にかけて数週間での実践

① 実践がはじまるきっかけ

子どもたちのあいだで、ナルトごっこが流行し、ナルトになりきって、技を仕掛けあう戦い遊びをするようになった。「先生！ナルトって知ってる？」、「○曜日のテレビでやっているんだよ」「○○は○○という技が使えて」、「△△は△△という技が使えるんだよ！」と盛んに話しかけてきた。

最初は、「テレビの再現遊びかあ…」と思い、そんな戦いごっこではイメージの伝えあいは深まらないと思った。

実際、遊びを見ていると、発展性がなく、単なる浅い段階の再現遊びで終わってしまうと感じた。戦いごっこをしているだけでは、遊びの中でイメージが豊かになることにならないし、仲間意識が深まることもない。しかし、それを禁止して別の遊びに誘うのではな

1 **ナルト**　少年漫画を原作としたＴＶアニメが大ヒットした。主人公ナルトが忍術を修行して成長する物語。ほかの里の忍と戦う場面がある。

く、子どもたちがナルトに向かう気持ちやエネルギーを利用して豊かな遊びになるような実践を創りたいと考えた。

② 準備段階：子どもがおもしろいと感じている世界を研究する

自宅で「ナルト」の番組を録画して実際に見て、子どもたちにとって何が魅力なのかを研究した。それから、自分もナルトになりきってごっこ遊びを楽しむための小道具を家で自作した。

③ 実践の開始：戦いごっこ・忍者ごっこを楽しくはじめる

ある日の朝、「(ナルトを)先生も知っているぞ」感を出すために、家でつくってきたナルトのスタイルの似たようなものを頭に巻いて、「今日は、先生、ナルトだ」と言って、子どもたちの前に登場する。

それを見つけると、子どもたちは、「あ、ナルトだ」と、うれしそうに言う。

しばらくして「同じものを自分たちにもつくってほしい」と言いはじめたので、「じゃ、一緒につくろう」と言って、同様の頭に巻くものをつくって、子どもの遊び心をそそるようにした。

子どもたちが遊んでいた形と同じような戦いごっこの言葉を言いながら、ナルトではなく、水遁の術など、一般的な忍者が使う術の動きをやったり、叫んでみたりしながら、子どもに遊びを仕掛けた。

④ 子どもがナルトのイメージにこだわる段階での遊び：かまわず楽しい遊びを仕掛ける

子どもたちは、テレビに強く影響されているので、先生の繰り出す技を見て「エー、違うよ、そんな技はナルトには出てこないね」という言葉が飛び交うことになる。

子どもたちは、「先生のナルトは、ほんとのナルトではない」と否定する。

それに対して言い訳するとか、めげることなく、ナルトのイメージにあったものや近いこともしながら、自分なりに勝手に忍者をイメージして、ナルトとは関係ない一般的な忍者の技も平気で使う。そうやって子どもたちを相手にしながら戦いをするイメージで遊びを続ける。

子どもたちが否定する言葉には相手にしないで、「そうなんだ、ナルトには出てこないんだ、でも、こんなのおもしろいじゃん」と言いながら、しらばっくれて、保育者がおもしろがってやっていれば、その姿に子どもが魅了されていく。

このような状況で、数日間から1週間程度、遊びを続ける。

⑤ 保育者がナルトらしくない遊びをしても、それを認めて楽しく遊ぶ段階

そのうち、子どもたちは、保育者に対して「それは、テレビには出てこない」と否定することをあきらめて、それに応戦して遊ぶようになる。

保育者が忍者になりきって忍法の術を使っている、その遊びの世界に子どもたちが入り込んで遊ぶと楽しいという段階を迎えることができる。

最終的には、保育者のおもしろがっている姿を見ているうちに、ナルト通りにしなければいけないということをあきらめることになる。保育者の遊びに乗っていこうという気持ちになり、楽しく遊ぼうとする。

⑥ 遊びが展開する：その1、拠点をつくって遊ぶ

戦い遊びを、ある程度遊びこんでくると、毎日、技を言いあって戦うだけでは遊びに盛り上がりがなくなり単調になる。

そこで、子どもたちが遊びながら一ヵ所に集まる拠点づくりに取り組む。

保育者がナルト一族の住処として、大型積み木で砦のようなものをつくりかけておく。その場所で、登園してきた子どもたちを、おはようと言って迎える。

子どもたちは、「今日もナルトごっこしよう！」と話しかけてきて、「あれ？なにつくってるの？」と興味をもつ。先生と一緒に戦いごっこをしようと来て、先生はナルトのかっこうをしてるけれど積み木で建物のようなものをつくっているのを見ることになる。

先生はいったいなにをつくり出したのか、何をはじめようとしているのかと、子どもたちの興味の視点を変えていく。「もう、たくさん術を使う練習したから疲れた。やっぱり、ナルトも休むところが必要だから、今日はこの基地で寝ようと思うんだよね」と、基地を住処にしたことを宣言する。

「私は、技を使いすぎて疲れているから、基地で休むところからはじめたい」と言うと、子どもたちは、「よし、じゃ、敵が攻めてくるまではここで休むことにしよう」と言って、基地として認めてくれる。

朝の支度が終わって、子どもたちは基地の中に入っていく。

基地の中で、少しの間、休んだふりをしてから、「あー休んだ」と言いながら、いかにも朝を迎えたような雰囲気で、「また、術の練習に出よう」と言って、基地から外に出て術の練習をしたり、戦う遊びをはじめると、また、子どもたちがそれに惹かれて「先生と一緒に術をやるぞ」と出てくる。

また、「疲れたから」とか、「夜になったから」と言って基地の中に入る。基地の中で、新たな敵のための作戦会議をしようと投げかけたりする。基地に入ったり出たりを繰り返しながら遊びを発展していく。

拠点がない状態で、戦いごっこをしていると、ただ勢いよく遊ぶだけで、その場で終わったり拡散して終わることになる。

拠点があることによって、遊びが広がっても、またまとまって、戦いの後、遊びが終わらないで拠点に戻ってくる遊び方になる。

⑦ テレビのイメージに縛られない発想を認めあえる段階

拠点があることで、遊びがその日限りで拡散して終わってしまうことなく持続する環境ができたので、次に、既存のテレビのナルトのイメージから、少しずつ、多様な発想を認める遊びの世界をつくっていく段階に移行していく。

テレビのイメージに縛られていると、それだけの単調な遊びの繰り返しになる。テレビのイメージを持ちつつ、自分の創作したこと、思いついたことを入れて遊んでも良いという状況になると遊びが広がっていく。

すでに、保育者がテレビのイメージ以外の発想で遊ぶことについては、子どもたちは認めていたので、積極的にナルトにない発想を出すようにしてきた。次は、子ども同士でも、テレビのイメージに縛られないで自由に遊んでよいという段階になっていく。

⑧ 遊びの展開その2：思わぬ展開から遊びを発展させる

このような状況での保育が何日か続いた中で、ある日、先生がいない時に、子どもたちが拠点を出入りしていて、「先生がなっている忍者は絶対に死なない。魂というものがあるから、いくら戦っても、必ず勝って、先生は死なないんだね」と、子どもが言っていることを知った。

翌日、がちゃがちゃの球にオーロラペーパーをかぶせた特別な水晶のような球をつくって、ふところに忍ばせておいた。ごっこがはじまる時に「私はこれをもっているかぎり、絶対死ないんだ」、「きらきら輝いている球を見てみろ、これが光っているうちは、私の命は、どんなに攻撃されても、技があたってもぜったい死なないんだ」、と言いながら球をそっと見せると、予想通りに「あっ　魂だ！」と乗ってきた。

「そうだ。これが輝いている限り私は生き続けるのだ」と言うと、「じゃぁ、割れたり、奪われたらどうなるの?」「敵にやられちゃうんじゃない」といろいろな発言が出てきて、「じゃあ、魂を守らなくちゃ」「俺たちも魂つくろうよ」と、自分たちも魂をつくって、それを守ろうと遊びが展開していく。

⑨ 遊びの展開その3：既存のイメージと自分たちのアイデアと行きつ戻りつして遊びが発展する

テレビの既存のイメージを基にして、そのイメージの枝葉分かれしたところに、自分のアイデアをちょっとずつ盛り込みながら、それを形にして、自分たちのイメージの世界に取り込んでいくことを繰り返していく。そういう遊び方があることを、子どもたちがわかってきた。

テレビのナルトのイメージに固執している段階では、「ちがうよ、そんな技はないよ、そんなことしないよ」という発言が多かったが、しだいに、そのイメージにこだわらないで、自分たちの思いつきやひらめきを遊びに取り入れていくようになる。

また、取り入れたときイメージを何かの形にしていくことも遊びになっていくことで、ごっこ遊びに広がりができてくる。ごっこ遊びのイメージを形あるものにする時には、製作コーナーが必ず必要になる。製作コーナーでつくって、それをごっこの世界に持っていくようになる。

⑩　仲間意識が育つ

しだいに、1人が「こうしよう」と提案すると、「いいね、じゃあこうしよう」と、友だちの意見に自分の意見を乗せてアイデアを発展する発言が多くなる。自分が思いついたことは、どんなことでも言ってもいいと思えるようになると、安心して遊びこむことができる。

固執したイメージに縛られないで、発想したことを言ったり、それを製作して形にして遊びにもちこむことを何度も往復する過程で、友だちから「いいね」と言われる喜びを経験し、同時に、友だちに、「いいね」と言ってあげた時の楽しさや心地よさを経験するまでに育つ。

クラスの仲間は、自分を否定しないで認めて受けとめてくれているという安心感に支えられた安定した仲間関係が形成される。

⑪　テレビのヒーローごっこが楽しい遊びに発展する指導

幼稚園教諭になった新人の時、園長から、テレビのヒーローごっこは、子どもたちが遊びが見つからない時に出てくると言われた。とくに、流行している旬のヒーローごっこが出てきやすい。

テレビのヒーローごっこや戦いごっこをしているクラスは、子どもたちに遊びが見つかっていないクラスであり、子どもが育っていないクラスだと言われ続けた。「あなたのクラスは…ごっこばかりしているから、子どもが全然育たないでしょ」と断定されてきた。それで、ヒーローごっこはダメなんだと、思っていたので、ヒーローごっこをしている子どもがいると、無理やり形だけ別の遊びに誘った新人時代があった。

一方、10年ほど仕事をして、ごっこ遊びが子どもを育てるという確かな実感をもった。その頃、園長は、なぜテレビのヒーローごっこは駄目だと言い続けてきのかと考えるようになった。子どもがヒーローに惹かれて、それがきっかけで遊びが生まれるのであれば、それをうまく利用して子どもが育つような保育ができないかと思っていた。

多くの保育者はヒーローごっこを保育に取り入れようとはしない。また、お店屋さんなど生活のごっこの遊びには、保育者は入っていって一緒に遊ぶが、ヒーローになりきったりヒーロー遊びに入っていく保育者はいない。

とくに、戦いごっこの段階で、子どもたちは、誰かが痛い目にあって泣くようなことになり、そういう遊びは危ないからやめようと仲裁されて、その遊びは終わりにされる。

また、テレビのイメージが強く、ごっこをしているように見えて、テレビのイメージ以上に広がりがないので、先週はこうしてこうなったんだと、テレビの情報交換の話題だけで盛り上がって終わってしまう。つまり、子どもがヒーローごっこをしているのを、ただ、放置していると子どもが育たないで終わってしまう。

しかし、遊びがはじまりやすいという利点があるので、上手に利用できないかと考えた。

子どもにとって何が魅力かを把握すれば、遊びが豊かになるきっかけがつかめるのではないか。

実際には、テレビの設定のうち、子どもが固執しているところから、そうでない遊び方も認めるように誘導して、自分独自のごっこ遊びを楽しむことができるように指導した。

その時、子どもの遊びの中に保育者も本気で長時間入っていて遊びこむ。その楽しい姿に巻き込まれて、子どもはテレビのイメージではない部分を、しだいに認めるようになってくれる。

2-3 ナルト実践の指導経過の特徴

ヒーローごっこでは、もとのイメージにこだわりすぎる問題がある

このナルト実践では、子どもたちは、それぞれにナルト役になり、悪役がいないにもかかわらず、遊びが持続発展するまでに指導することに成功している。その指導過程において、遊びが発展するために、保育者がもっとも苦心したのは、友定らが指摘した問題とは別の問題、すなわち、ナルトのイメージに子どもたちがとらわれるという問題をどう打開するかであった。

たとえば、お家ごっこでも、子どもは母親や家族役への憧れをもち、母親や家族の振る舞いや家庭生活のパターンなどのイメージをもとに遊ぶ。劇遊びであれば、絵本の登場人

物に憧れたりしながら、そのストーリーをもとに遊ぶ。どんなごっこ遊びでも、子どもたちが憧れる対象があり、参照するイメージを共有しているから遊びが成立する点は共通する。

しかしながら、お家ごっこなどでは、子どもの母親には一定の共通するイメージがあるとしても、一人ひとりの子どもの母親には違いも大きい。母親への憧れや思いも、子ども間である程度違いがある。だから、子どもたちは、自分の母親のイメージにこだわりすぎないし、仲間の母親イメージに対しても、ある程度寛容である。そのバリエーションが遊びの発展の契機となる。

一方、TVのヒーローごっこは、他のごっこ遊びに比べると、子どもは、そのヒーローに憧れて変身したいという願望がひと際強い。また、忍術のように、ヒーローの振る舞いのイメージが細かく規定されるという特徴もある。このため、子どもたちは、TVのイメージを参照するにとどまらず、そのまま再現しようとして、遊び仲間がそのイメージから逸脱した振る舞いをした場合、それを細かく指摘して逸脱を許容しないということが起きる。結果、その遊びはパターン化したものになり、柔軟に遊びをつくり出すことができないし、また、柔軟につくり出そうともしない。

ヒーローごっこでは、ヒーローへの憧れが強いために、もとになるイメージにとらわれすぎるのである。そのうち、遊びは単調になり、熱中してオモシロイと感じることができる遊びではなくなる。このように、憧れのヒーローのイメージは、時間とともに、子どもが遊びこむことに対して阻害的にはたらく。

実践が発展し、子どもが遊びこむとは？

たいていの保育者が好ましくない遊びと考えがちなヒーローごっこを、この実践のように豊かに展開した指導を、筆者は他に知らないが、おそらく、希有な実践ではないかと考える。この実践の経過を想像するならば、子どもたちだけの自発的な力で、ナルトのイメージから自由に発想を展開する遊びをつくり出すことは、ほとんど不可能だろうと考えられる。この実践が成立する背景として、保育者の独特の遊び心や、保育実践に打ち込む姿勢等があるのは言うまでもない。

ナルトになって子どもの前に現れた保育者に、子どもたちが、それはナルトにはないと言っても、しらばくれて相手にしないで、自分で忍者ごっこの遊びの世界をつくり出して、その魅力に子どもたちが惹きつけられていく様子は想像するだけで楽しい。保育者は、自分自身が、何日間かナルトになりきって子どもと一緒に遊びながらも、忍者一般の忍術を使った遊びが楽しいという、もっと広い遊びの世界に子どもたちを導いた。いつか、子どもたちは、まず保育者だけは、ナルトから逸脱しても許容するようになる。

この実践全体において、保育者がもっとも留意した点は、TVのナルトの技や強く固定化したイメージを尊重し、決して否定することなく取り入れながらも、それに縛られないで、子どもたちが自由に発想を豊かにできるような遊びに導くことであった。そのうえで、思いがけない出来事を臨機応変に取り入れながら、しかし、子どもたちがお互いの発想を自由に出しあい、尊重して遊びこむまでに粘り強く、同時に楽しく指導している。

保育では自由遊びという言葉をよく使う。保育者が課題設定した時間以外の時間には、子どもは自由に遊んでいると思いこんでいたり、自由に遊んでほしいという思いが込められた言葉として自由遊びと言うのであろう。しかし、先に引用した飯野（２０１３）のエピソードのように、いかにも楽しそうに遊んでいるように見えて、実は不自由であるということはよくあることである。

個の自由な発想は、集団遊びにおいてはしばしば、他の個の自由な発想と葛藤する。その葛藤を放置したり、子どもだけに解決を任せたり、性急に解決しようとすれば、しばしば、一部の子どもの発想が他の子どもの発想を抑圧することになる。しかも、その先には、抑圧された子どもが不自由になるだけでなく、抑圧する立場であった子どもの自由さえも変質して不自由なものになってしまう。それでは、子どもたちは育たない。しかし、個の発想と他の個の発想の葛藤をむしろ、子ども集団を育てる好機ととらえることで、いっそう発想豊かな自由を感じることができるように質の高い集団をつくり出していくことができる。この実践では、しだいに、ナルトに縛られなくなり、仲間の自由な発想に対して、それを受けとめつつ、自分の自由な発想を、それにつけ加えたりかぶせたりして、遊びを楽しく豊かにしたという意味で、そのような事例として理解できる。

このクラスでともに育つ仲間として、子ども一人ひとりが自分の自由な発想を言葉にして発言することができる安心感、そして、お互いの自由な発言に対して、それを受けとめながら、さらに自分の意見を重ねあわせて、より楽しく充実した活動にしてくことができるクラス。最初は、それは保育者の指導のもとでできるものだが、卒園を迎える頃には、子どもたちだけで意見を調整してより高い活動をつくり上げるまでに育ってほしいという願いと、指導すれば必ず育つという確信に支えられた実践である。

もちろん、卒園までには、運動会などの行事や日常の生活場面など、あらゆる機会に指導するのであるが、ごっこ遊びで遊びこんでいくことこそが、子どもの温かい人間関係を育てる一番の近道であるのかもしれない。

たしかに、ごっこ遊びでは、自分なりの想像的な世界を繰り広げていく中で自己世界をつくり（師岡　１９８８）、個が集団の中でよりよく生かされ、集団も個と共に発展していくという相乗作用を大切にする指導が可能である（八木　１９８８）。

2-4　ごっこ遊びと集団づくりにおける自制心の育ち

集団としての自制心の現れ

就学を間近に迫った時期の子どもたちの見事に成長した姿を保育関係者から聞くことがある。子どもたちは旺盛な活動意欲をもって遊びや生活に取り組む。それぞれの強い意欲や思いがあるので、しばしば、対立や葛藤場面がうまれ、いざこざやケンカになることもあるが、子どもたち自身でお互いの思いを調整して折りあいをつけて遊びや生活を持続発展していく姿が語られる。

一例をあげてみる。これは、ある園で、4歳児の時には、いたるところでいざこざが頻発していたクラスの5歳児3学期の子どもたちの姿についての保育者の語りである。

「何かつくるとか、何かをする時、『これ使うね』『これ使ってもいい？』と確認にくるだけで、『いいよ』と言うと『うん、わかった』と言って、自分たちでつくりはじめている。そのうち、ケンカがはじまったりするが、M君がいい味を出して『お前はどうしてこういう風にしたんだ。…うん、うん。そっか、わかった。じゃあ、お前はどうしてだ？…うん、そっか。じゃあ、こういう風にすればよかったんじゃないか？』と仲裁する。本人たちも『そっか、うん、わかった。』と収まる。4歳児の時には、A君とB君はよくケンカしていたが、今は、ケンカがはじまっても途中から笑いはじめて『俺たち仲良しケンカだよな』と言って、自分たちで仲直りするようになった。4歳の時の土台があって、5歳の活動経験で仲間意識が強くなって、そういう姿を見せるようになった。」

一般的な発達理論として、個の発達としては、4歳代後半には自制心が育つと言われる（田中・田中〈1988〉）。その内面は、「…したい、ケレドモ、……する、だって、……

だから」と説明される。たとえば、「ブランコに乗りたい、ケレドモ、順番を待つ（我慢する）、だって友達が先に乗っているから」という内面的な機制が育つのである。しかし、今日、保育園や幼稚園の子どもの様子を見ると、それぞれの要求だけを表出して感情的に混乱している姿をよく見かける。4歳児クラスの子どもたち（5歳前後）に自制心が形成されたと納得することが困難である。

自制心という言葉から連想される意味と、その説明があいまって、ともすると、自制心とは、大人の指示通りに待てる、我慢することができる力であると誤解されやすい。しかし、先の説明で言えば、「ブランコに乗りたい」という活動欲求の高まりが、自制心の中核的な心理であり、その思いが強い分だけ待つことができるのである。つまり、自制心とは、活動への期待感や要求が豊かにあり、それを土台として、その活動を実現するためには、時には、待ったり我慢したり譲ることができるようになる姿を意味する（浜谷2004）。また、それまで自分の思いが尊重されて楽しい活動を保育者が与えてくれたという経験に基づいた信頼感があるので、子どもは安心して相手の気持やその時の状況、ルールなどに目配せしながら、粘り強く自分の要求を実現することができる。自制心は、そういう力として捉えてはじめて子どもが育つことに寄り添う保育実践が展開可能になる。

上述の5歳児3学期の子どもたちの姿を、5歳児になるまでに自然に発達して、そうなったと理解することは適切ではないだろう。そこに至るまで、数え切れないほど、お互いの要求をぶつけあい、相手のことを知る機会を経験し、同時に、それぞれの要求が豊かに育つような保育実践の取り組みなどの総体の成果として立ち現われる、そう解釈するのが適切であろう。

つまり、このような子どもたちが見せる見事な姿は、このクラスの保育者との信頼関係が基盤になり、同時に、このクラスの、この仲間との関係の中でたち現われると考えるべきである。

就学を間近にしたときに見せる、子どもの成長した姿というのは、子どもの個の発達として理解するだけでは十分ではない。むしろ、クラスの子ども集団が仲間として自制心を発揮できるように育った姿なのだろう。集団として遊びなどを持続して発展する、そのことの楽しさや喜びを十分に味わった経験をもとに、そのために、仲間の要求と自分の要求を調整して、時には、大人が思いもつかない解決法をつくり出していく。そういう姿としてとらえることが、保育実践への示唆を豊かにする。

仲間意識の育ちにおけるごっこ遊びの意義

幼児期後期、子どもたちがお互いの要求を調整することができるように育つことは、保育における集団づくりの目標である。その時、師岡（1988）が指摘するように、しばしば、子どもたちに、問題点について考えさせようとして会議的な話しあいが重視される。そうすると、大人が期待する正解を言うだけで、実際の行動に結びつかないという意味で生きた解決にならないことがある。さらには少数の子どもだけが保育者の意向を汲んで、ミニ先生となって、子ども集団の自然な話しあいを阻害することになる。そういう集団では、形式的には話しあっていても、お互いが納得して活動を豊かに展開する保育にはつながらない。

同様の点について、浜谷・江藤（２０１４）は、子どもでも、たとえば、自分と違う意見だと思っても「それもいいかもしれないね、でも、こういう時はどうなの」と、相手を肯定してから柔らかく否定することができるようになるが、５歳児が班で行事に向けて話しあう場面では、形としては立派でも冷たい話しあいになってしまうと言う。

一方、ごっこ遊びでは、意見が分かれた時、言い争っても楽しくならないので「いいね、でも、こうした方がいいんじゃない」と、仲間の言ったことを受け入れる姿勢を学び、納得のいく理由が出たところで、それに従って楽しく遊ぶ経験を重ねる。それが集団の話しあいに活かされて「それもいいかもしれないけど、でもさ、こうなんじゃない」と、最初からは友だちの発言を否定しないようになる。話しあいの場面で指導すれば、型にはまった、しっかりした話しあいをするようにできるが、優しく思いやる心が入るためには、好きな遊びで、好きな友だちとのやりとりが十分にできるようになっている経験が必要である。

先のナルト実践は、多くの保育者が保育をつくりこんで指導することが難しいと考えられているヒーローごっこにおいても、そのような柔らかな仲間意識を育てることが可能であることを示した実践であると言える。

文献

八木紘一郎編著　1998　ごっこ遊びの探究：生活保育の創造をめざして　新読書社
友定啓子　1999　保育現場からの現代幼児論（5）：戦いごっこ　幼児の教育 Vol. 98 no. 12　p. 4-11
飯野雄大　2012　遊びへの期待感から安心して挑戦できるようになったクラス：挑戦できないヒーローたちの物語　浜谷直人編著　仲間とともに自己肯定感が育つ保育　第3章　かもがわ出版
田中昌人・田中杉恵　1988　子どもの発達と診断5　幼児期Ⅲ　大月書店
師岡章　1988　八木紘一郎編著　ごっこ遊びの探究　第二章第二節　ごっこ遊びの意味　新読書社
浜谷直人　2004　困難をかかえた子どもを育てる：子どもの発達の支援と保育のあり方　新読書社
浜谷直人・江藤咲愛　2014　なりきってごっこ遊びすることで育つ柔らかな仲間意識　季刊保育問題研究270号　20-31

第3章

ごっこ遊びの指導が苦手

3-1 ごっこ遊びを指導するのは難しい

ごっこ遊びが苦手だという保育者にしばしば出会う。ある幼稚園を訪問した時に、1人の若手の保育者が、ごっこ遊びに取り組んでみたが、うまくいかなかったことについて、次のように語ってくれた。

・遊びが続かず、すぐに飽きてしまう

ケーキ屋さんごっこがはじまり、たくさんケーキをつくっていたが、一日遊んでおしまいになった。残されたケーキを使って、別の子どもたちがケーキ屋さんをはじめたが、これも続かなかった。遊びの途中で、子どものアイデアがいいなと思って、ひろってあげようと思っているうちに、もう飽きてしまう。見ていて、それ楽しそうと思ったころには、もう終わってしまう。そういうことが多い。

・友達と一緒に楽しく遊ぶようにすることが難しい

1人だけ残された子どもがケーキ屋さんをしていると、お客さんがいっぱい来たので、「(いなくなった)友だちを呼び戻したら」と言っても、1人だけでお客さんに対応していた。そのうちに行き詰ってしまい、ケーキ屋さんはそれでおしまいになった。

・子どもたちに共通のイメージがなく、保育者に頼ってくる

何人もの女の子が、お家ごっこをしているが、共通したイメージがなくばらばらに遊んでいた。自分(先生)がどうやって、その遊びに入って、遊びを引っ張っていけばいいのか見えない。かといって、自分が遊びに入ると、どの子どもも自分の方に来てしまい、子ども対先生という関係になって、子ども同士で楽しく遊ぶ関係をつくることができない。

楽しくごっこ遊びをしてほしいと思って、子どもに関わっても、楽しくなる前にしぼんでしまう。そういう時、どうしていいのかわからないという保育者は少なくないのだろう。「今どきのごっこあそび」という特集が、『ちいさななかま』2018年9月号に掲載されている。3人の保育者が、「ごっこ遊びを楽しむ」と題する座談会で、それぞれの経験をもとに「苦手という方も多いごっこあそび」について語りあっている。冒頭の保育者の悩みの所在を的確に指摘していて興味深い。以下に、その部分を引用させてもらう。

（上野）保育者が「楽しませよう」と思うと、あんまり楽しんでくれない。私が「楽しい！」と思っていると、子どもも同じように楽しんでくれるけど、「もっとやってあげようと」と思うと子どもが引いてしまう。

（吉住）「私が仕切らなきゃ」と思って、……「どう展開していけばいいんだろう」と必死になってしまうと、子どもとの間に距離ができてくる。

（渡仲）楽しんでほしいという気持ちは大事だが加減が難しい。まずは、子どものやり方にならう、真似をしてみて、その子がおとなを見て何を拾っているかがわかると、次の手立てにつながる。

つい、保育者としては「子どもを遊ばせよう、楽しませよう」と考えるのだが、かえって、子どもは遊ばないし、楽しくならない。むしろ、保育者自身が楽しくなることが重要だと語っている。ごっこ遊びを指導することは難しかったという経験を潜り抜けて、楽しい境地までに至った保育者がつかんだ指導のポイントなのだろう。

本章では、「ごっこ遊びの指導が苦手」と感じていた、1人の中堅保育者が、保育者自身が楽しくなるとともに、子どもたちが長期間遊びを継続発展していった、その経過を詳しく見てみることにする。なお、本章の保育者と子どもの名前は、すべて仮名である。

3-2 実践事例 幼さが残る4歳児だからこそ熱中できた海賊ごっこ：ごっこ遊びに苦手意識をもっていたのに楽しい実践になった

筆者は、２０１×年度に、都内X市の公立保育園の合同研修会の講師をさせていただいた。これは、その研修会で実践を発表した保育者（竹田先生）が、数ヵ月にわたって、子どもたちと、ごっこ遊びを楽しんだ実践を整理したものである。研修当日、この実践発表を聞いていた保育者から、楽しい笑い声が絶えなかった様子が強く印象に残っている。発表後のグループに分かれてからの話しあいでは、この実践が、自分たちの保育に参考になるという感想と共に、明日からの元気をもらえる、そう共感する言葉が随所に聞かれた。

先輩同僚の吉川先生は、竹田先生が発表の当日、準備した原稿を見ることもなく、自然に湧き上がってくる記憶を基に、流れるような言葉で熱く子どもの様子やエピソードを語った様子が素晴らしかったと語ってくれた。もともとは、ごっこ遊びに苦手意識をもっていたのに、子どもたちが楽しくて笑いがとまらない実践を生み出したことから学ぶことがたくさんあると語った。

研修会にいたるまでの内情を言えば、竹田先生は、研修の実践発表を担当することになったとき、「えー、私ですか？」「どうして私なの？」と言って逃げようとし、できれば避けたいと抵抗し悩んだ。そんな気持ちからスタートしたのに楽しい実践が生まれた。その経過から多くの保育者は何かをつかむことができると吉川先生は語る。ごっこ遊びに苦手意識をもっている保育者にとっては、楽しく実践できたという話だけを聞いても身近に感じることができないからである。

研修会の実践を書くことになってしまった

竹田先生自身は、子どもの頃、よくごっこ遊びをしていた記憶があった。小学校高学年になってもよく遊んでいた、ごっこ遊びが大好きな子どもだった。しかし、保育として、ごっこ遊びをしようとすると、どうしても、おとな主導の遊びになってしまい、子どもたちが自然に楽しく遊ぶようにすることが難しいと感じていた。このため、ずっと苦手意識をもっていた。

この年は、一年間の目標を「ごっこ遊びを楽しむ」にしたいと考えていた。いつからはじめようかと思っていたところ、研修のために、園からごっこ遊びの実践発表を出すということになった。引き受けたくなかったが、園内の事情で竹田先生のクラスから提案することになった。ただ、市内の園の実践の1つだけが採用されて研修で検討されるので、自分の実践は取り上げられないだろうと思っていた。そういう経過で、実践を発表することについては気持ちがのらなかったが、とりあえず実践してみることにした。

夏祭りのお店屋さんごっこ遊びに取り組んだが楽しくならなかった

どこからどうやって実践をはじめようか、何かきっかけはないかと悩んでいた。そんなある時、ハルナが、クラスみんなで製作したアジサイの飾りを眺めながら、「この中でお祭りやったら楽しそうだよね」と言った。この言葉を聞いて、「これは、（お祭りの）ごっこ遊びにつなげられるぞ！」と竹田先生は思った。

早速、子どもたちに、お祭り遊びをすることを提案した。お祭り遊びには、何が必要かを子どもたちに聞いてみた。「わたあめ」「くじ引きやりたい」「かき氷は？」と次々に意見が出てきた。一通り意見が出てから、そういう物をどうしてつくったらいいかと投げかけてみた。ところが、予想外に、まったく具体的な考えが出てこなかった。

たとえば、たこ焼きをつくりたいと言ったので、「たこ焼きはどうやってつくったらいい？」と聞いても、ただ、「まる」と答えるだけだった。あらためて、イメージしたものをつくり上げたり、形にしたりする表現力が乏しい子どもたちだということがわかった。

そこで、まず、お店屋さんに必要な物の見本をつくって見せることにした。そうすると、「いいね～」と言って、子どもたちもつくりはじめた。たこ焼きつくりでは、男児が「紙を丸めるといいよ」と言って、みんなで丸めていった。「ソースもぬろう！」「うちはケチャップ、あとマヨネーズ」「私はトマトソース」と、（たこ焼きとは関係なさそうな）不思議な発想の意見も出てきた。「あと、踊るやつ（鰹節）もかけようよ！」と、次々に、その場が盛り上がっていった。

ノゾミは、その製作の様子をチラチラと横で見ていたが、1人だけ、みんなの輪の中には入らないでいた。隣室にあったままごと遊具を使って、ケーキを積み重ねてケーキ屋さんにしたり、「うちはラーメン屋さんだよ」「お客来ないんだよな〜」と、ブツブツ1人で呟いていた。それで、「一緒にこっちで遊んだらいいんじゃない？」と、誘うと、「え？！いいの？じゃあ、ソバつくりたい！」と、焼きそばつくりをはじめた。毛糸を刻んでソバをつくり、それに野菜も入れたいと言うので、画用紙を使うことを提案すると、それを刻んでいった。「白はイカね。じゃあ、赤はタコ？」「四角いやつ（鉄板）もいるよね」とつくった。「看板もつくる！」と、イメージがどんどん膨らみ、1人熱心に焼きそばの絵を描き上げる。「〝おいしいよ！〟っていうのも書いてね！」と言ったら、宣伝文句も書き込んで看板をつくり上げた。そうしてお祭りごっこがはじまった。

このように、全体に幼い子どもたちの中で、ノゾミは具体的な店のイメージをもっていた。焼きそばをフライ返しでかき混ぜ、買いに来たお客にも「大盛ですか？」「どうしますか？」と、注文を聞いてやり取りを楽しんでいた。また、数人の友達に、皿を渡す人、かき混ぜる人、箸を渡す人などと、それぞれの役割を分担するように指示していた。

ところが、他の子どもたちは具体的なイメージが乏しかった。それなのに、自分がお店屋さんの役をやりたいという気持ちだけが強いために、どの役をやるかを取りあい、それぞれが勝手に店番をはじめたりして、あちこちで喧嘩がおこった。また、お客さんに商品を渡すだけで、それ以上にお店屋さんのおもしろさが膨らんでいかなかった。

仕方がないので、竹田先生の方から、お店屋さんごっこに必要な物をつくるように設定したりして、クラス全員で取り組むように働きかけた。そうして、三日間、子どもたちはお祭りごっこを楽しんだ。その後、子どもたちで自由に遊んでいいということにしたところ、数人の子どもがその続きを遊ぼうとした。ただ、自分たちでは発展することができないために、しだいにお店やさんごっこは消えていった。

どうしてお店屋さんごっこは継続発展しなかったのか

子どもたちは、ごっこ遊びをやりたい気持ちはあるが、遊びに必要なものを発想する力が乏しくアイデアが出てこなかった。そのうえ、それを具体的に製作する力が未熟だった。ただ、丸めたり切ったりするだけで、つくるのが少し難しいと思うと諦めてしまった。それで、いつの間にか、遊びがマンネリになって楽しくなくなった。

また、途中から、竹田先生自身もつまらなくなっていった。保育者自身が楽しくないから、子どももものってこなくなったのだろうと思われた。振り返ってみると、ごっこ遊びをしなければいけないという義務感、責任感をもって遊びをはじめたのだが、その入り口から、竹田先生自身があまりおもしろくないなと感じていた。それを子どもは敏感に感じたのかもしれない。

また、研修の発表に間にあわせなければいけない（締め切りがあった）ということで焦りの気持ちがあった。それもまた、楽しくなれなかった一因だったのかもしれない。

海賊ごっこのはじまり1日目（午後の自由遊び時間）

一応、夏祭りの実践は研修会の資料として提出した。その後、合同研修の実践発表は、他園が担当することになり、竹田先生は、実践を出す必要がなくなり、「やったー」と、気持ちが解放されて楽になった。そこで、あらためて運動会に向けて何かごっこ遊びを準備したいと考えた。

以前、忍者を題材に運動会をつくったことがあった。今年は違う題材に取り組みたいと考えた。男児が多いクラスなので、やんちゃな姿が自然に活かせるものにしたいと考え、忍者以外の題材を考えていた。

その頃、子どもたちが、好きな絵本『わんぱくだんシリーズ』（ゆきのゆみこ・上野与志　絵／末崎茂樹　ひさかたチャイルド）の登場人物になって楽しく遊んでいる姿があった。それで、そのシリーズの中でも大好きな海賊の話のごっこ遊びをしかけてみようと考えた。

ちょうどその頃、シンジはジャックスパローの映画（パイレーツ・オブ・カリビアン）をテレビで何度も見ていた。1人で園庭のジャングルジムに上ったりしながら海賊になったつもりで遊びはじめていた。その様子がいかにも楽しそうだったので、その遊びに保育者がのっていってみた。

シンジには自分独自の世界があり、いろいろなことに夢中になってしまい、そのため、生活面では時間がかかることが多い。また自分が納得するまで時間を要し、気持ちの切り替えに少し時間が必要だった（海賊ごっこを経験した後には、気持ちの切り替えは早くなったのだが）。

シンジが海賊になりきって、1人でジャングルジム（楕円形なので船の形に見える）にのって、バンバンと鉄砲をうつ真似をして遊んでいたところに、保育者も海賊としてかかわって、保育者の海賊のイメージをシンジに投げかけてみた。それがシンジの気持ちにぴたりとあった。

ジャングルジムは、たくさん車が通る道路の脇にあった。シンジが「バンバン」と通りかかった車に向かって撃っていたので、その時、保育者が「敵が来たのか？」と言ったり、バスが来た時には「敵の船じゃないか」と言って、遊びの世界に入っていった。そうすると、シンジが「ほんとだ」と、投げかけた言葉の世界に気持ちよく入り込み、「また、来たぞ」と遊びが続いていった。それは夕方だったのだが、その時間帯にはたくさん車が通っていた。

保育者が、行きかう車を敵の船に見立てると、シンジもその気になって、「まずい、見られてる、隠れろ」と、保育者（座高が高い）に言ったり、それに対して「ほんとうだ」と応えたりして、最初は2人だけで盛り上がっていた。

そのうち、その様子を見た子どもたちが、「何やってんの？」と言いながら、何人かかかわってきた。その子たちも一緒に、「敵の船が来る」とか、「大型船だ」とか、小型の車が来ると、「小型船も来た」と遊びはじめた。

シンジ以外の子どもは、海賊とは、そもそも何なのかを理解しているわけではなかった。唯一、ノゾミだけが海賊のイメージをもっていた。ノゾミは、近づいてきて「お宝、どうした？」と言ってきた。その言葉を受けて、「お宝を探すぞ」と言うと、何人かが集まり宝さがしごっこになった。しばらくしてハルナが花を摘んできて「ここにも（お宝）ありました」と、お宝を見つけてくると、ノゾミが「金庫にしまっておこう」と言った。敵役の子どもたち（ケンタたち）が、金庫から「お宝はもらったぞ」と言って、盗みに行くなどして、取られた・取られてないなど言いながら遊びが展開していった。

他の子どもたちとは無関係に、シンジはずっと海賊になりきり、鉄砲をかまえ、道行くバスやトラックを敵の船に見立てて「敵がくるぞ！バンバン！！」と言って、車が通りすぎると、「やっつけたぞ」と1人で満足げに遊んでいた。

そのうちに、女児たちはタイヤを積み重ねてジャングルジムから離れたところに、別の海賊船をつくってそちらの船にのり込んだ。広い園庭全体が海という想定になって、みんな、「泳いで渡るわ」と言いながら行ったり来たりしていた。

マサシは、ピラニアなど珍獣を特集したテレビ（珍獣ハンター）を見ていて、「危険生物が来た」と言い出して、危険生物がいる海を捕まらないように泳いで渡ると言いながら遊んでいった。

その日の遊びは、30分余りだったが、いったん遊びを終えて、また、続きをしようということになった。

遊びの発想の源泉：絵本の世界とシンジの個性

クラス全体で海賊ごっこを楽しむ土壌となったのは、子どもたちが大好きだった絵本の世界であった。『わんぱくだん』の海賊の絵本を読んで楽しんでいたことで、クラスの多くの子どもが共通の想像の世界に入る土台になっていた。

また、それが発展していく契機となったのは、シンジという個性豊かな子どもの存在だった。テレビで見た映画のジャックのイメージに、シンジが魅了されて、その世界に浸りきって遊んでいた。シンジは、1人だけでも声を張り上げて「敵が来たぞ、また、来たぞ」と、いつまでも言っていた。自分がおもしろいと感じた世界に完全に入り込んで遊ぶ。シンジと一緒に遊ぶと、発想がユニークで反応がおもしろいので、竹田先生もその世界に楽しく入ることができた。独特の動きがおもしろく、人を引きつけるなにかがあったし、頭の先からつま先まで全身で楽しんでいるので、一緒に遊んでいて楽しくなる。シンジは常識的な考えにとらわれない分だけ、遊びの世界にどっぷり入るように見えた。子どもたちは、シンジが言ったりしていることをよく真似していた。

銃を撃つのに、ただ、手で銃の形をしているだけだった（せいぜい、大きなシャベルを使う程度）。銃らしいものをつくろうとはしなかった（製作は得意ではない）。何かシンジに投げかけると、とてもおもしろい反応が返ってくる。なかなか、大人には考えつかないような素直な言葉が返ってくる。普段から、それを見て、すぐに他の子どもが真似していた。

海賊ごっこの行き詰まりと打開

その後、散歩先の公園でも海賊ごっこで遊ぶようになった。ノゾミが壁面遊具にまたがり、「皆の者──！船が出るぞー」と船長気分になって言うと、他児も船にのり込んでいく。シンジは、パイレーツ・オブ・カリビアンのイメージで、「僕、ジャックスパロウね」とすっかりその気分になっていた。ただ、その2人以外の子どもたちは、海賊とは何であるかをよくわからないままに、「海賊＝ジャックスパロウ」と理解していた。それで、シンジが休みの時は、誰かがジャックスパロウを名のって遊んでいた。1人が「僕が船長ね」と言うと、誰かが「じゃあ、俺は社長！」「僕は店長ね！」などと言っていた。海賊には『長』がついていると思っていたようだった。

そのうち、男児の遊びは、危険生物をやっつける遊びに変わっていった。ホールを海に見立てて、「僕は危険生物」と言っていた。海賊が「危険生物が襲ってきたぞ、やっつけろ」と言っても、危険生物は強いのでやっつけることができない。危険生物が、お宝を取っていっても、強いので絶対にやられない。そのうち、みんなが危険生物になって、少しだけ海賊がいるという状況になった。2週間くらい、そういう遊びが続くと、竹田先生は楽しくなくなり、「危険生物ばかりでつまらない」と、他の保育者に話したりしていた。何とかしたいと考えたが、危険生物と海賊の遊びから、どう発展していいかわからなくなって行き詰った。

竹田先生はどうしたものかと考えあぐねて、海賊から手紙を出すことにした。それで、海賊の親分から手紙を出すことにしようと思ったが、海賊の親分とは誰なのかと悩んだ。そのとき、シンジの顔が浮かんで、ジャックから手紙が来たらどんな反応をするだろうと想像して、「ジャックから」と書いた手紙をクラスの部屋に置いておいた。

シンジは、それまでずっと、自分はジャックだと名のっていたので、子どもたちは、「シンジ君がジャック」と思っていた。それなのに、ジャックから手紙が来た。それで「ジャックっていったい誰だ」と、みんな盛り上がった。シンジは、「ぼくはジャックだけど、ジャックじゃない、偽物のジャックなんだ」と真剣にみんなに言っていた。

子どもたちは「ジャックという人が、俺たちのことを見ているらしい」、「俺たち、海賊ごっこしてるけど、本物のジャックも見ているらしい」、「じゃあ、ジャックって誰なんだ?」、「誰なの、どこから見てるの?」と口々に言って大騒ぎになった。本物のジャックがいて、自分たちのことを見ているらしいということになって、子どもたちの想像に新たな好奇心が生まれて、遊ぶ意欲に火がついた。

竹田先生は、運動会に向けての準備のために手紙を書いたつもりだった。運動会では、肋木を使って、それを島に見立ててお宝を探すという競技にした。その宝箱は、ジャックが用意していることにした。

最初にリハーサルの時に、ジャックから、「頑張れよ」という手紙が来た。リハーサルが終わった時に手紙を出さなかったら、「ジャックは、どうして手紙をよこさないんだろう」と言ったりしていた。

運動会の練習の時、シンジは、気分が崩れたままで、この競技に参加しなかった。「そんな様子を見ている」というジャックからの手紙を書いたら、シンジは、「(ジャックは)僕のことを見てる。今度は、シンジ君へ、という手紙、来るかな?」「シンジ君、ちゃんとやってた? と言うかな?」、「また、手紙来るかな?」などと言っていた。自分だけに手紙が来ると本気で信じていた。

ところが、最後のリハーサルの日、竹田先生は、忙しくて手紙を出すのを忘れてしまった。「あれ?ジャックから手紙が来ない」「見てなかったのかな?」と言われて、先生は、しかたなく「さあ…」とはぐらかしていた。

リハーサルが終わって、「そういえば、あの宝箱はどうした?」「部屋に持って帰ってこなかったよな」と、子どもたちが言い出した。その時、下のテラスに置きっぱなしで片づけていなかった。2階の部屋からテラスを見て、子どもたちが「あったー」と大声で言った。でも、まだ中身は空で、見つけられたら困るので、急いで事務室に電話して、「宝箱をすぐに片づけてください」と言って片づけてもらった。

子どもたちが、もう一度、テラスから下を覗いた時には宝箱はなくなっていた。子どもたちは、「ジャックが、持って帰ったんじゃない」と言ったりして、本当にジャックの存在を信じていた。

海賊ごっこをさらに発展する

運動会の競技として海賊ごっこをしたが、4歳児としては海賊になっているイメージは貧弱だった。それまで、海賊に関係するアイテムらしいものは、ほとんど製作しないで遊んできていた。『わんぱくだん』の絵本では、海賊はバンダナをしていたので、子どもたちにバンダナをつけてみたが、ポカンとするだけで、海賊とバンダナの関係のイメージさえなかった。それで、運動会の時も、海賊らしい衣装はしないままで競技をした。

5歳児であれば、海賊について本などで調べようとするが、わんぱくだんの絵本を見るだけだった。竹田先生は、もう少し、イメージを豊かにもって製作する経験をさせたいと考えた。そこで、海賊ごっこをもっと膨らませてみることにした。

運動会が終わった後、宝箱にお宝と手紙を入れて、もう一度、ジャックから手紙を出してみた。大型積み木を使い、遊びを展開できないかと考えて、「外の海賊船もいいけど、スズラン組に新しい海賊船をつくってみたらどうだ」と手紙に書いた。

ところが、箱積み木を出してみると、子どもたちは、積み木の上に板をのせて、ぐるぐる回りはじめて、「できた」と言ったので、竹田先生は、「え?これで船?」と驚いた。積み木を船の形に並べることさえできなかった。見かねて、船らしい形に積み木を配置して、部屋の真ん中にどんとおいてみたら、子どもたちの気分が盛り上がった。

運動会後、ノゾミは家でジャックスパローの映画を見ていて、彼だけは海賊船のイメージが具体的になっていた。「(海賊船には)ピアノがあったんだよ」と言って、ピアノをつくって置いたり、海賊の旗をつけて帆を張ったりした。そのうち、「宝の地図を書かなくちゃ」となって、みんなが、単純なものだったが、地図を書いて宝箱もつくり剣をつくった。シンジは、大砲が必要だといって、不器用だが新聞紙を丸めて大きな球をつくって、段ボールに線を描いて大砲を投げる窓をつくり、球を何度も発射しては攻撃遊びを繰り返していた。

特別感によって遊びたい気持ちが高まる

（狭い）部屋の真ん中に海賊船がある状況で生活することになり、子どもたちが戸惑っていた。そこで、竹田先生は、「海賊は、船の中で生活しているんだよ」と説明し、「海賊船の中で、ごはんを食べてもいいじゃない」と提案した。子どもたちは、最初は「え？」と驚いていたが、海賊船の中で給食を食べる、その特別感がすごくうれしかったようだった。狭い海賊船の中で、みんなで工夫して20人が給食を食べることができるように椅子をもってきて、海賊船の淵のところを拭いてテーブルにした。隣の子どもと密着するギュウギュウ詰めで歩くスペースはなかった。アレルギー児もいたので、座ったら動かないこと、こぼさない約束だけはした。いつもだったら、イザコザになりそうな状況なのに、海賊のつもりになって食べることが、よほどうれしかったみたいだった。熱中して楽しいと、邪魔だよと怒ったりしない。一体感がとても心地よかったようだ。

5歳児が、その様子を隣で見ていて、自分たちもあの中でご飯を食べたいと思ったが、

年下のクラスだから、そうは言えないで、覗きながらつぶやいていた。

遊びの継続と片づけ

部屋を片づけるために、海賊船を壊さなくても良いことにした。海賊船の中でご飯を食べて、また遊んだ。片づけなかったので、遊びが中断しないで継続することができた。翌日、登園したらすぐに遊べるのがすごくうれしかったようだ。

しかし、狭い部屋の真ん中に海賊船をつくってしまった（失敗したと思った）ので、ほかに何もできなくなり、どう生活するか問題になった。2週間ほど、そのままにしていたが、子どもたちが昼寝をしている間に、形状はそのままで少しずつ部屋の端の方にずらした。

ある日、午睡から起きて、2、3人が先に

部屋に帰った時に、海賊船が動いていることに気づいた。慌てて階段を降りてきて、「先生、たいへんなことが起こってる」と言った。「何?」と聞いたら「船が動いてるよ、ジャックが来たんだよ」、「ジャックが来たんだ」。ヨシオが興奮気味に「ジャックの仕業だ、船が動いてる」と言い出した。竹田先生は、子どもたちに気づかれないように動かしたつもりだったが、そう反応するのかと思いながら、一緒に急いで部屋に行った。

「ほんとだ!錨を下ろしてなかったのか?」と、竹田先生が子どもたちに言うと、「何?錨?」とわからないようだった。「止めるやつだよ、ちゃんと、止めとかないと」と言うと、「そうなのか」と子どもたちは、ようやくわかったようだった。この時の子どもたちとのやりとりがおもしろかった。「そうか、そうきたか」、「そうくるなら、こっちも、こう乗ろう」というやりとりがおもしろく、遊びが深まっていった。

ノゾミが、次の日から錨をつくりはじめた。ノゾミは、それまでイメージをもっているが、失敗したらどうしようと考えすぎて、設定保育での製作活動は消極的だった。しかし、この海賊ごっこでは、失敗する恐れを感じる必要がなかったためか、進んで製作に取り組む姿は自信に満ちていた。

研修会での発表の頃には、海賊ごっこ遊びの熱はかなり冷めて数人が遊ぶだけだった。その日、近くの公園に行く途中の道路で「先生、ジャックがいるんだけど」と子どもが言ってきた。「なに?　ジャック、いないじゃん」と返すと、子どもが「あそこにいるんだよ」と、どくろマークがたくさんついたスモークの張った車（ちょっと大きいワゴン）

が反対側に駐車していた。タイミングよくそういう車が現れた。

「ほんとうだ」と返すと、「覗いてみる?」「いやいや、怖いよ」「ジャック、どんな人か知らないじゃん」と言っていた。たまたま、運転手は寝ていて見えなかった。「ジャック、なんで、車にのったんだろうね?(いつもは船なのに)」と誰かが言っていた。「ほんとだね」と返事をして静かに通りすぎた。公園に行って遊んだ帰りに、また、その車の真横を通った。「まだ、止まってる」「起こしちゃいけない」「ぜったい、静かに」「起こしたら、危ない」と言いながら、覗きたい気持ちを抑えて、みんな静かに通って帰った。

その日、給食はラーメンだった。「早く帰らないと、ラーメンなくなるね」「早く帰らないと、ジャックにご飯取られる」と、会話を楽しんで帰ってみると、麺が汁を吸っていてラーメンの汁がなくなっていた。

「あ、ラーメン、汁、ないじゃん」と言うと、「ほんとだー」「ジャックじゃない?」と子どもたちが言い出した。その時、「汁だけやられた」と竹田先生が言ったら、誰かが、「ほんとだ、早く帰んなかったからだよー」「汁だけ飲まれたよ」「だから、あそこに車止まってたんだよ」と、また盛り上がった。

その日の夕方、ホールで遊んでいたら、たまたま1歳児クラスのお父さんが金髪のちょんまげで、骸骨のスカルマークがついたコートを着ていた。ヒロシは、ずっとジャックが怖くて信じようとしなかったが、その海賊風に見えるお父さんが背を向けて自分の方に立っていて、「先生、ジャックがいる、ジャックがいる」と大興奮した。気持ちが抑えきれず、そのお父さんに、「ジャックなのか？」と服をつかんで声をかけてしまった。もちろん、お父さんはジャックの話を知らないので、「うん？」と不思議がっていた。だが、ヒロシは勝手に、「そうだって言ってる！」と。ますます興奮して喋っていた。

その日は、クラス中、大興奮だった。昼間に車を見て、ラーメンの汁を取られて、「まだ、いたのか、ジャックは」、「ついに姿を現したぞ」となった。素直な子どもたちだけに、どっぷりその世界にはまった。本当に信じているから子どもたちの反応がおもしろかった。

3-3 一斉保育とごっこ遊びの違い：保育者自身が楽しくなるごっこ遊び

一斉保育では、保育者が子どもに課題を与えて、保育者の指示通りに子どもが課題に取り組むように指導する場面が多い。保育者は、子どもが課題を達成するまでに至る標準的な、一種の正解の道筋のイメージをもっている。その正解に向かっている時には、子どもを褒めたり励ましたりし、間違っている時には注意したりする。また、保育者が示したお手本どおりに製作することや、保育者が演じたとおりに演じるようになることが求められる。その過程で、子どもは努力したり工夫したり我慢もする。また、折り紙の折り方を習得したり、身体動作を身に着けたり、様々なことができるようになっていく。

一斉保育を前提にして日々、保育している保育者は少なくないし、また、園の方針として一斉保育が中心になっている園は少なくない。その時に、保育者自身が楽しいかどうかは、ほとんど話題にならない。

ところが、ごっこ遊びは、正解のイメージをもって指導するものではないし、できるものでもない。ごっこを遊びこむ過程で、子どもがいろいろと身に着けるとしても、その成長する姿を事前に想定できるものではない。標準的な正解を想定する保育では、子どもたちの自由な発想を大切にするごっこ遊びは生まれない。

一斉保育とごっこ遊びの違いは、たいていの保育者は言葉のうえでは理解できる。しかし、言葉で理解しても、実感としてわからない保育者や、実践することに困難を感じている保育者は少なくない。

ベテランの保育者と懇談すると、最近、若手の保育者を育てる上で悩みがあるという話を聞くことが多くなってきた。ベテラン曰く、若い人が非常に評価を気にするという。自分の保育を園長はどう見ているのか、先輩はどう見ているのか、保護者はどう見ているのかなどを過度に気にすると言う。そのために、肝心の子どもが見えなくなっているのが心配だという。もっと子どもたちの中に入って、思い切って保育を楽しんでほしい、そんな言葉を聞く。

竹田先生は、研修のテーマがごっこ遊びで、その資料として自分の実践を提出するという宿題を課された状況であった。しかも、自分の実践を他園の保育者も見るということで、評価される気持ちになったのであろう。お祭りのお店屋さんごっことして、何か、それなりに形のある実践をつくらなければいけないという気持ちがあって、楽しく遊ぶことができなかった。一方、資料を提出する必要がなくなり、評価されることを意識しなくなった時点ではじまった海賊ごっこでは、素直に先生自身が楽しい気持ちになることができたのであろう。

3-4 計画するが計画に縛られない実践

一斉保育では、1つの課題が開始されてから終了までの時間の予定が細かく決められている。最初の導入にはじまって途中の経過の時間の目安をもちながら進行し、予定した時間で終わりを迎えて片づけになる。当然だが、中には、その進行経過にあわせることができない子どもがいる。そういう子どもの気持ちを多少は尊重するにしても、促したりして予定した時間で進行することを重視する。

一方、ごっこ遊びでは、指導案を作成してタイムスケジュールを考えるとしても、予定通りには進行しないことがよくある。図3-1（浜谷・江藤2015）は、一般的に、活動がはじまり、ピーク（B時点）を迎え収束していく活動の進行経過を示したものである。ごっこ遊びは、この図のようにして時間とともに展開する。

A時点近辺では、保育者は活動が楽しく盛り上がっていくことを考えながら遊びに関わ

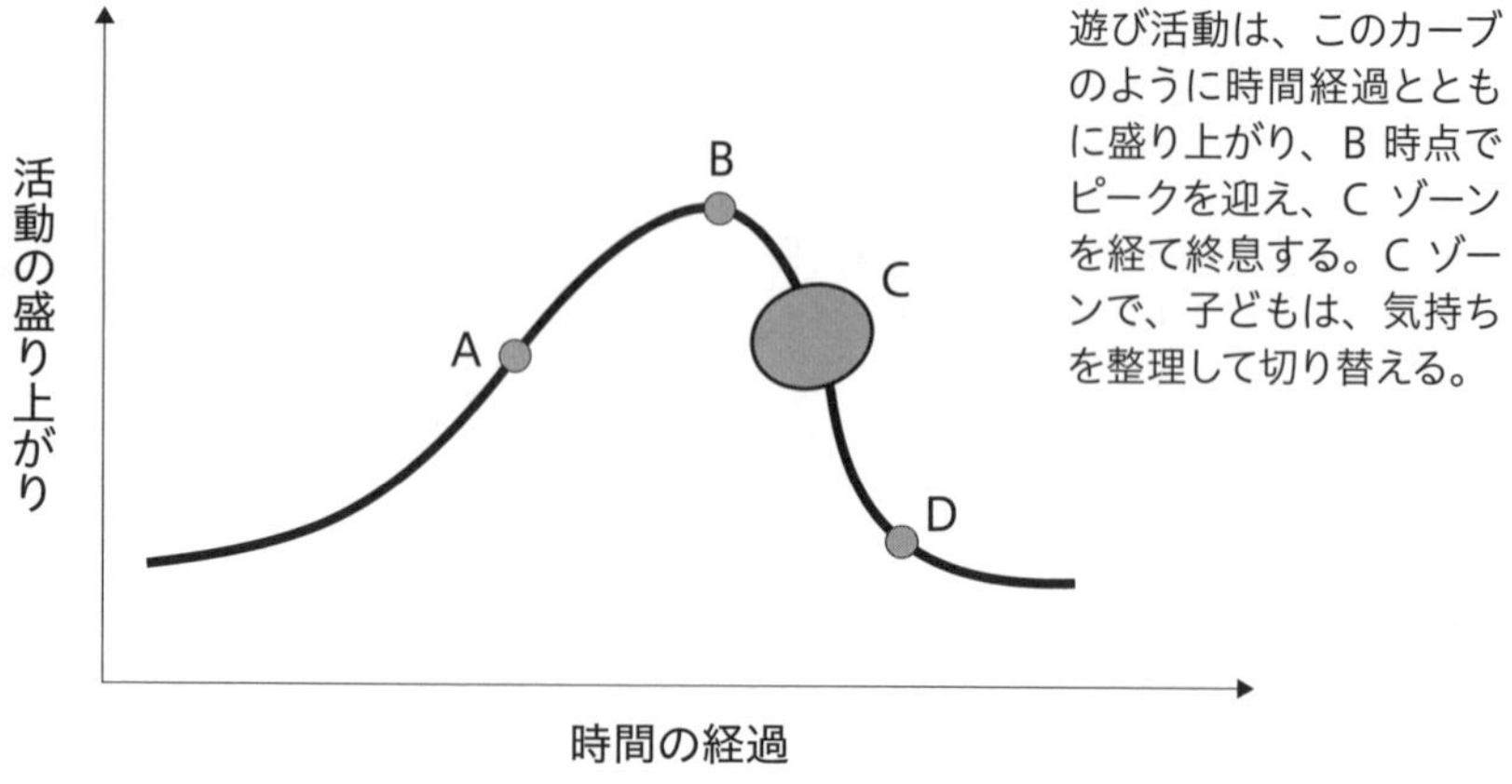

図3-1　活動の盛り上がりと切り替え時点（時間帯）

る。B時点前後に楽しさのピークを迎え、保育者は子どもと一緒になって活動に熱中している。そのうち、その日準備した材料や設定では、遊びが停滞したりして、これ以上は発展しないと感じはじめる時が訪れる。保育者はそれをキャッチして、次回に気持ちがつながるような見通しを子どもがもてるようにする。それがCゾーンである。その気持ちに支えられて、子どもたちはこの時の遊びをいったん終了することができる。

ごっこ遊びでは、子どもたちの遊んでいる時の気持ちの動きを随時把握しながら、展開過程に応じて、予定を柔軟に変更したりすることになる。このようなことは、新人の保育者が最初から自然にできるものではない。子どもと一緒に楽しく遊んでいると時間の経過を忘れてしまう。このため次の予定の時間にずれ込んでしまうということになる。「若いころ、園長から、よく叱られました」（浜谷・江藤2015）という経験を重ねて、計画には縛られないが、結果的には計画した時間でごっこ遊びも指導できるようになっていくと考えられる。

保育園では給食の時間はだいたい決まっている。それでも、子どもたちの遊びが思わぬ展開になって長時間になることがある。保育者として、Cゾーンまで遊びこむことを保障して、気持ちをすっきりとして終わりにしたいと考える。そうすると、給食の時間にずれ込んでしまう。調理の職員がそのことをよく理解して、「子どもたちの気持ちが一番よね」と言いながら寛容に対応してくれる場合もある。そういう、保育者と調理の職員との阿吽の了解が、子どもが遊びこむことを支えてくれる。

一方で、たとえば、調理の職員の勤務時間が厳格に決まっている場合、その勤務終了時間から逆算して、子どもの活動時間のリミットが分単位で決められ、ほとんど融通が利かないことになる。保育者としては、もっと遊ばせたいと考えても、それは許容されない。そうすると、保育者はいつも時間を気にしながら子どもたちに関わることになる。そういう気持ちで、保育者が子どもといっしょに遊びを楽しむことは困難であろう。

この研修会では、実践発表の後、小グループで意見交換の時間があった。その時、他市の保育園から転職してきた保育者が、以前の市では、「給食が委託になったために給食時間に融通が利かなくなった、この市は融通が利いていいね」と言っていた。委託化は一例だが、保育を囲むいろいろな要因、それらは保育者の責任や裁量を超えていることが少なくないのだが、子どもが遊びこむ時間を確保するようにゆとりをもって保育することを難しくしている。

また、この実践では、室内で海賊ごっこをはじめた時に、竹田先生は「後先を考えずに」部屋の真ん中に海賊船をつくってしまった。その日は、片づけることなく、何日も、大きな海賊船が部屋の真ん中にあることになった。仮に、その日、海賊船を一度きれいに片づけてしまったら、海賊ごっこは、このように発展しなかったと思われる。次の日、また、海賊船をつくろうとすれば、それだけで時間がかかるし、同じことを繰り返すことになり、それは遊びたい気持ちを萎えさせてしまう。

ごっこ遊びでは、その過程でいろいろなものをつくることになり、それと、片づけることとの関係が問題になる。海賊船や秘密基地のように大きな空間を必要とするものから小さなアイテムまで、さまざまなものをつくる。それらの中には、当然だが、何日にもわたって使うものがある。それらが、見えるところにあれば、子どもたちは遊んだことを想い出したり、友だちと話をしたりして、遊びたい気持ちが持続し深まっていくことになる。あまりに大きいものは、一旦片づけて、翌日、先生が子どもが登園する前につくっておいて準備しておくという苦労話を聞くことも珍しくない。

3-5 ごっこ遊びが崩壊するとき

一般的な5歳児の後半の時期、子どもたち集団が育っているクラスを1つの基準に考えてみる。そういうクラスで、ごっこ遊びが活発に発展している時、子どもたちはいくつかの場所を交互に行き交いながら活動している。演じる場、拠点、探求の場という3つの場である。

忍者ごっこを例にとってみよう。

まず、忍者になりきって技を繰り出したり、戦いをしたり、技の修行をしたりする場所がある。これが演じる場である。お家ごっこであれば、保育室のコーナーのような比較的狭い空間で、お母さんや赤ちゃんになったつもりで遊ぶことができるが、忍者の場合、もっと広い空間で遊ぶことになる。園庭が広く、隠れる場所があれば、忍者気分になりやすいし、雑木林や河原など、樹木や草がある場所であれば、その場所の魅力が遊び気分を盛り上げてくれる。

忍者は、たとえば手裏剣などの武器を使うが、遊びこんでいけば、武器だけでなく衣装や宝物や様々なアイテムを製作する場所が自然にできてくる。また、戦いからいったん退却して隠れたり休息したり、仲間と作戦を練ったりする、一種の拠点のような場所が必要になる。

子どもたちがもっている忍者のイメージは、最初は、テレビなどを見た経験をベースにして、その上に、保育者が読み聞かせてくれた絵本などに触発されたものだったりする。そこに登場した忍者になりきることや、その戦い場面などを演じて遊び出す。次第に、もっと、忍者らしく工夫しようとしたり、陣地をつくろうとか、技を工夫しようとか、すごい武器をつくろうということになっていく。最初は、保育室にある絵本や図鑑を見て探求するが、図書コーナーまで行ったり、家に帰ってからインターネットで調べたりと広がっていく。このような探求の場があることで遊びは発展していく。

さて、この海賊ごっこの実践では、子どもたちが大好きだったわんぱくだんの絵本が下地にあった。しかし、子どもたちはほとんど具体的な海賊のイメージをもっていなかった。ジャックスパローになりきっていたシンジも、海賊になりきって楽しんでいたが、海賊とはどういう格好をしているとかなど具体的なイメージをもっていなかった。このため、海賊らしくしようとアイテムをつくったり作戦を立てるための拠点は生まれなかった。また、海賊について探求することもほとんどなかった。そういう意味で、4歳児としては「幼い子どもたち」だった。ただ1人、ノゾミだけが、海賊のイメージをもち、アイテムをつくったり、家でジャックスパローの映画を見て、そのイメージを遊びに導入しようとした。

シンジと他の子どもたちは、同じ空間で海賊ごっこをしていたが、共通のイメージがないので、お互いのかかわりはほとんど生まれていない。ノゾミだけが、他の子どもたちとシンジをつなぐような言葉かけをしたり、提案をしたりアイテムをつくっていたが、シンジと他の子どもたちは相互にほとんど影響を受けていない。シンジは、他の子どもがいなくても、竹田先生が一緒に海賊になってくれれば遊び続けていたと思われる。

他の子どもたちは、「ジャック」なるものが何かを、ほとんど理解することなく遊び続けていた。その意味で、シンジというイメージの世界を強烈にもっている子どもが拠点になりながら、集団としては幼いなりに楽しく遊んでいたごっこであった。

3-6 保育者がごっこ遊びを楽しむようになる

竹田先生は、この実践を経験したことで、以前とは違って、肩の力を抜いてごっこ遊びを楽しめるようになったと語る。遊びの内容としては幼い面があったが、クラスの子どもたちが、それぞれに、お互いのことを認めあいながら、ワクワクしながら長期間遊び続けることができた。計画通りの、見栄えの良い、常識的な形にとらわれないで、子どもたちとの即興的なやり取りを楽しみながら、仲間と一緒に遊びをつくり上げることができた。

この実践の後、子どもたちは卒園の年のお祝い会では、自分たちで絵本のストーリーを基にオリジナルの劇を創作して発表した。以前の竹田先生であれば、発表会の取り組みを一定の型にはまったものをやっていたかもしれないが、この子どもたちらしく、のびのびと演じ、自分たちでアイデアを出して劇に必要な小道具をつくった。それだけでなく、それを基にして他クラスの子どもたちを呼んで劇のストーリーの街ごっこも子どもたち自身で取り組んだ。また、卒園式には海賊船の卒園製作をつくり、謝恩会には保護者がジャックからの手紙が届く演出をして一緒に楽しんだ。保護者もまた、この実践の進行経過を子どもたちから聞いて一緒に楽しんだのである。

それらを通して、竹田先生は自分の実践への自信を深め、安心して保育に取り組むことができるようになったのだと思われる。

文献

浜谷直人・江藤咲愛　2015　場面の切り替えから保育を見直す：遊びこむ実践で仲間意識が育つ　新読書社

謝辞

本章をまとめ公刊するにあたり、東京都国立市立なかよし保育園の職員の皆様、保護者の皆様のご協力をいただきました。深く感謝申し上げます。

第４章

絵が苦手な子ども：絵の発達理論を拡張する

４－１　絵が苦手になる子どもたち

音楽、ダンスなどと同じように、絵を描く（形象を創る）という活動は、本来、人であれば誰にとっても楽しいものであろう。ところが、実際には、描くための技量が不足するために自分の思うような絵を描くことができないと感じたり、上手な絵を見ると、それと自分の絵を比較して劣等感を感じたりする経験をすると、大人になるまでに絵を描くことは苦手だと感じるようになる人は少なくない。また、大人になる過程では、絵を描くこと以外に自分が好きで得意な分野（スポーツだったり、音楽だったり）を発見し、そこに関心が集中する分だけ、絵を描くことに関心をもたなくなる。そのような場合は、絵に苦手意識をもつようになったとしても、それは自然なことであり、特に問題にする必要はない。

しかし、幼児期までの子どもにとって、絵を描くことは無条件で心から楽しいはずである。ところが、保育という場で集団の中で、絵を描く活動が導入された時に、少なからぬ子どもにとって、絵を描くことが楽しくないばかりでなく、苦痛なことになっていく姿を見かける。実際、田中（２０１１）は、「幼児の絵の研究会などで、もっともよく話題になるのが、絵に苦手意識をもつ子どもたちの問題です」と述べている。保育者にとって、絵を描くことに苦手意識をもつ子どもをいかに指導するかは共通した難題になっているのである。

筆者は30年余り、保育と幼児教育の現場に関わり、絵画製作の場面を観察する機会を数え切れないほど経験してきた。子どもたちが自分の描いたものを腕で隠して友だちに見られないようにしたり、ちょっと描いては「間違えた」と言って神経質に描き直したり、なかなか、描き出すことができないで立ち往生していたり、誰かが描きはじめてようやく恐る恐る描きはじめる姿をしばしば見かけてきた。絵を描くことに苦手意識を感じている子どもが多くなっていると同時に、そういう傾向が低年齢化しているのではないかと感じてきた。

4-2 絵に対する素朴な理論と子どもの絵の発達理論

絵とは何であるかを一言で定義することは難しい。しかし、保育者も含めて、私たちの多くが共有してもっている絵についての考えがある。それは、どういうものであろうか？おそらく、そのことを人はほとんど自覚的に考えることはないが、次のようなものである。絵とは「（自分が）見たもの、経験したこと、知っていること、心に感じたことなどを、描材（紙やクレヨンや鉛筆など）を用いて、色と形と線などからなる形象にすること」である。こう表現できるような一種の素朴な考えを私たちはもっている。本章では、そういう考えは、一種の理論であるとして論じることにする。

このような素朴な理論が広く共有されていることが背景にあるので、子どもが形象としてつくった結果である絵について、子どもが見たもの、経験したこと、感じたことなどとの関係で、的確に描かれているかどうかを考えてしまう。しかも、それが的確であれば「上手」とみなし、的確でない場合は「下手」とみなしてしまう。つまり、絵について優劣があると考えてしまうのである。筆者の経験では、絵の苦手意識が生まれてしまう保育においては、保育者がよく子どもにかける言葉の代表的なものは、「……ちゃん、上手」という言葉であると思われる。「上手」という言葉かけをするということは、「上手ではない」「下手な」絵があることを含意しているので、子どもは、しだいにそういう評価的な観点を意識するようになる。また、保育者には、子どもがより優れた（上手な）絵を描くように指導するという保育観・保育実践が生まれてくる。

このような絵に対する素朴な理論が、しだいに低年齢の保育現場においても浸透してきて、保育者だけでなく、しだいに子どもの間にも、絵の優劣を評価する雰囲気が強くなって、それが苦手意識をもつ子どもが増加し低年齢化していることに関係しているのではないだろうか。

さて、そのような素朴な理論は心理学的な理論と密接なつながりがある。子どもが見たことを、どう認識して絵にしているか、そういう過程を説明するのは認知心理学的な理論である。一方、子どもが経験したことを心の深層で処理してそれが表現されたものが絵であると考えるのが精神分析的な理論である。認知発達的な理論であれ、精神分析的な理論であれ、子どもの心理的な表象、感情などが、絵という形象と対応関係をもつものとされる。そのような心理学的な理論は、私たちが自覚することはないかもしれないが、保育実践に影響を与えている。今日、子どもたちがもっている絵を描くことに対する苦手意識の増加と低年齢化の背景には、心理学的な理論が保育実践に与えた影響がある。

本章では、以上のような考えにもとづいて、「子どもたちに早期から絵についての苦手意識をつくり出す」という点で、絵に関する心理学的な理論にある問題点を描いてみたい。そのうえで、そのような理論から保育実践を解放して、子どもたちが生き生きと絵を描くことを楽しむことができるようになる可能性を提示してみたい。

4-3 子どもの絵の理論における問題点は何か：写実性と規範性

子どもの絵の発達研究において、リュケ（1979）が、幼児期の絵の特徴を「知的写実性」であるとしたことは、その後、子どもの絵の研究に大きな影響を与えた。それに着目し、心理学的な実験を行って子どもが絵を描くメカニズムを検証する研究が盛んにおこなわれた時代があった。[1]

これらの研究では、子どもが見る「対象」とは3次元的な立体物であると単純化して考えた。その立体物を、視覚によって見て、さらに認知的な操作によって表象的に変換して、手指などの運動器官で2次元の紙上に線と形で形象とすること、これが絵を描くことだとして絵を描く過程は単純に考えられた。

このように理解すると、絵を描くことの発達とは、描画結果である絵が描画対象（見たもの）と類似しているかどうかによって評価されることになる。つまり、両者の類似性が高くなる方向が発達すること（上手になることと同じ意味である）とみなされる。この類似性のことを、写実性（リアリズム）と呼ばれた。幼児期までの写実性は「(子どもが)知っていることを描く」という意味で「知的リアリズム」と呼び、その後、発達して（類似性が高くなると）、「子どもが見たとおりに描く」という意味で「視覚的リアリズム」と

1 Freeman N. H., & Janikoun, R.（1972）の研究は、その後の描画発達研究の流れをつくり研究成果が多産された時代があった。それら一連の研究においては、描画とは、「対象についてのイメージや表象を、心の中で変換して、線や色などからなる形象にする、その結果が絵・描画である」という図式を前提としていた。

呼ばれた。つまり、子どもは、対象が見えたとおりに（類似して）描くことができるように発達するとされた。

このように説明すると、たいていの保育者は、私たちは、そんな単純に子どもの絵を見ていないと言うだろう。

しかし、保育現場で、子どもの描いた絵に対して、保育者がもっとも頻繁に発する言葉かけは、「なに（を描いたの）？」という問いかけである。この時、保育者は、自覚していないかもしれないが、子どもの描いた絵（形象）を見て、それは、何かに類似しているということを前提にしている。しかも、その類似の度合いが高い方が優れているということも同時に前提にしている。そのように含意している言葉かけ（「なにを描いたの？」）を何度も受けることで、子どもは、類似していることが良いことだと考えるようなる。

実際、子どもの描いた絵に対して、保育者だけでなく、子ども同士でも、「なに（を描いたの）？」という言葉かけが良く聞かれる。描いた子どもが説明する（たとえば、「馬を描いた（2本脚で描いたとしよう）」）と、他の子どもから、「馬には脚が4本あるんだよ」などと、その絵が不適切であると指摘されることは珍しくない。このような場合、馬という描画対象と、描いた絵の類似性は、写実的であることが要求されるというよりは、一般的に共有された馬のイメージに合致しているかという、一種の規範性（馬とは、こういう形であるという標準的なイメージ）にある。

子どもが描いた絵を保育者に見せにきたときに、しばしば、大げさなくらいに保育者が

「上手！」と褒める言葉をよく聞く。その言葉の背景には、子どもを励ましたいなどの意図もあるが、規範的な形のような絵としてよく描けていると評価する気持ちも入り込んでいる。

次の、（美術を専門に学んだ）学童クラブの指導員の記録は、学童期には、そういう規範的な形象が「良い絵、上手な絵、評価される絵」として、非常に強固に子どもに内面化されていて、そのことを美術の専門家として戸惑っている姿を現している。

エピソード　素敵な一冊

「そうだ、ひーちゃんにかいてほしいものがあるんだ」と、もうすぐいなくなってしまうだいちゃん。

「なあに？」といってのぞきこむと、だいちゃんが満面の笑顔でみせてくれたのは、人気のかっこいいキャラクター。

うーん、これ描いたことない。というか、こういうものを進んで描いたことがない。だけど、もうすぐいなくなるだいちゃんのまっすぐな要求を断れるわけもなく。

お手本片手に、だいちゃんが持ってきてくれた真っ白な紙に向かう。鉛筆も尖らせて。そうして徐々にカタチになってくるかっこいいキャラクターを前にして、だいちゃん身を乗り出して、

「お！これ、すっげー！おい！これみてみろよ！」といって、しゅーくんたちを呼

び寄せる。

「わ!すごい!ひーちゃん、めっちゃくちゃうまいね!」としゅーくん。

「うーん、そう?ありがとうね」といいながら、「なんでそんなにうまいの?」と聞かれると、「うーん、必死だから。うん、必死(笑)」と、こたえる。

キャラクターを、見たままそのまま描くなんて、そんなこと普段はやらないけれど、そんなことは関係ない。

だいちゃんを喜ばせたいがため、必死で鉛筆を走らせる。

「うーん、これは、びじゅつかんに、てんじされるよね!」と繰り返すしゅーくんに、ひたすらうなずく周りのみんな。

美術館ねぇ…ビジュツ館はいちばん嫌がる行為だと思うけどなぁ…と、ふと思うけれど、そんなことは関係ない。

みんなが喜んでいることがすべて。

「ひーちゃん、ゲイジュツカだね!ゲイジュツだよ!」と、だいちゃん。

「うん。これはいつか、素敵な一冊ができるね!」という、しゅーくん。


筆者は学童クラブで、小学校低学年の子どもたちが、数人集まってキャラクターを描いている光景を何度も見た。好きなものを描いていいと言われても緊張し、ためらい、時には強く抵抗する。しかし、キャラクターでも良いと言われると抵抗感は薄れて描きはじめ

る。その時点だけを見れば、子どもは自由に描いているように見える。しかし、子どもたちの心の中には、規範的な形象を描いておけば、周囲からの評価の目に対して辛い気持ちを逃れることができるという不自由な思いを推察することができる。

キャラクターを描く時は、その形象の規範性は明確であり、子どもたちに共有されている。その通りに描くことが、上手であり、絵として価値があると、子どもは考えている。それが自由に描画する気持ちを縛っている。キャラクターにおける規範的な形象は、テレビなどの媒体を経路として繰り返し提示され、それが子どもの自発的な集団において共有されていくと考えられる。

4-4 自由な絵の指導を可能にするために

このように保育現場では、描画対象と描画結果（絵）との関係について、規範性という観点が、子どもの絵の評価軸となって強い影響を与える。絵を描く過程の楽しさに焦点を当てるのではなく、できあがった結果としての絵に焦点化して評価する傾向（典型的には、展覧会や展示のために「良い」絵を子どもに描かせるような指導）について、それが、子どもに影響を与えて、絵を描くことを楽しむことができなくなるという問題が生じる。これは、作品主義という言葉で批判されてきた。

子どもの絵の発達理論は、写実性や規範性という観点を媒介にして、保育者だけでなく、子どもの意識にも作品主義的傾向が生じることを下支えしている。保育者や子どもは、写実性と規範性を基準として「良い絵」についての信念をもち、それが絵を描く活動に影響を与えている。本章では、そういう発達理論の枠組みをわかりやすく示したうえで、保育実践がより自由になるような理論を考えてみたい。

第1のポイントは、従来、絵とは3次元立体物を2次元の紙に描くことであるとみなされ、そのため、規範性・写実性を空間的な意味で考えられたことを踏まえ、そこに時間の視点を導入することである。第2に、子どもが描いている文脈を考慮することで、絵の発達理論を、より広い視野で考えることである。対象と絵の関係について、その関係を強く意識する文脈と、両者の関係が希薄になる（描く対象を指示したりしない）文脈までを、モードの違いとして考察してみる。

① 絵はスナップショットではなく時間が含まれている

幼児期の絵画製作では、たとえば、運動会、遠足、イモ掘り、発表会などの後で、それを絵にするという、いわゆる生活画と呼ばれる実践がひろくおこなわれている。

経験としての運動会とは、その当日だけでも、開会式からはじまり、多くの演目が続き、また、1つの演目においても、様々なシーンがあり、それぞれに出来事がある。子どもにとっては、演目とは関係ないこと（たとえば、祖父母がきてくれたとか、友だちといざこざになったとか、昼に食べたお弁当が美味しかったとか）も多数あり、それらは、どれも、時間経過において展開している。

後日、それを思い出して作品としての絵にする時、その中の1シーン（それは、時間的には、できるだけ一瞬に近い短いスパンの時間）をとり出し、その時に見えたものを絵にするという暗黙の期待が保育者にも子どもにかかってくる。そういう期待が生じる背景に、見たこと（3次元的な空間）を紙に描くのが絵であるという、絵の発達理論の影響がある。

たとえば、運動会の絵ではトラックが楕円で描かれ、その所々に、トラックの線に対して直角に交わるように人や物が描かれる（したがって、人や物は、転倒したり、横に立っているように描かれる）が、それはしばしば「展開図」と呼ばれ、子どもはまだ視覚的な見えを表現することができないという意味で、写実性が不十分なものと解釈される。そのように解釈されるのは、絵を空間的な形と解釈する理論が背景にあるからであろう。しかし、時間という次元を入れて考えれば、運動会の進行経過の時間順序で経験したことを順次、トラック上に配列したと解釈できる。それはきわめて自然な表現である。

イモ掘りの絵では、地中にあるイモが地面と一緒に（隠されずに）描かれていて、それはレントゲン画と呼ばれ、これも、視覚的処理の未熟さの結果と解釈される。しかし、運動会と同様に、イモ掘り経験もまた一定の時間経過の中で展開していて、その中には、イモが地中に埋もれていた時間もあり、目に見えてきた時間もあり、それらの幅広い時間経験を描いたと解釈すれば、それは自然な絵である。

観察画であっても、対象を観察している時間には一定の幅があるので、カメラで写真を撮るようなスナップショットとは異なり、絵の中に時間経過とともに経験したことが現れることは自然なことであろう。

知りあいの顔写真を一枚だけを見た時、私たちは往々にして、何か実物とは違うという違和感を覚えるのはよく経験することである。それは、写真というものが時間経過を省いたスナップショットであり、私たちが観察する経験とは原理的に異質なものだからである。また、私たちはその知人をその時だけでなくいろいろな機会に何度も見ている。私たちには、その人は、そういういろいろな時間経験で見えた姿として見えている。

キュビズムの人物画や静物画（たとえば、ピカソの絵）のように、対象の諸側面を多面的につぎはぎのように描いた絵の方が、むしろ、我々の日常感覚では自然に感じられる。これは、対象を時間経過とともに見た姿の全体像の形象であり、私たちの日常的知覚に近いからであろう。観察画でも、対象を見ている時間があり、その過程で見えも感じも時間とともに変化し、それら全体を描くことが自然である点では、生活画と変わらない。

実際、子どもたちの絵には、キュビズムの作品のような魅力があふれているものを見ることがある。しかし、保育の現場では、それらは、しばしば修正されるべきものとみなされてしまう。

さらに、描くという行為も一瞬で終わるわけではなく時間経験を伴う。そのことの意味はいろいろあるが、たとえば、子どもが紙の上に自らが産出した形象（色や形）が刺激となって新たな形象が生まれるということもある。最初から描きたいことがすべて明確にあるのではなく、何か描いてみてはじめて次に描きたいことが現れてくるのである。つまり、描くということは描画対象との関係だけでなく、途中に（偶然に）産出した形象や、友だちや先生との会話、その他の影響を受けるのが自然なことなのである。

従来の子どもの絵の発達理論は、空間的3次元対象物を、紙上に空間的2次元に変換するという意味でのスナップショットモデルであり、それが、子どもと保育者に融通の利かない写実性・規範性という心理的な圧力を与えてきた。それが、子どもの絵の苦手意識を下支えする1つの要因であろう。

そのように考えるならば、描くという活動は、時間を含んだ4次元的経験を、描く時間を含んだ3次元的描画活動によって形象を生み出すものとして定義は拡張されるべきだろう。

このように定義を拡張することで、子どもの絵に対して過度に規範性・写実性を適用して評価的になる状況から、子どもの絵に対する多様な見方、寛容な接し方が保育実践現場で生まれ、それは、保育者が子どもにかける言葉かけや態度に好ましい変化を与えると考える。

一例をあげてみる。

エピソード　動物園への遠足の生活画

いつもユニークな発想をするゆうた君。黙々と集中して描いていた。画用紙の左の方にはバスが描いてあり、右の方には、檻の中のキリンとそれを見ている自分自身らしい子どもが描いてある。空は青く塗ってあった。

もうだいぶできあがった頃かなと見ていたら、画用紙の右半分の方を茶色と灰色の線で塗りはじめた。それを見ていた先生は、「動物園についた時、すごい雨が降ってきたんだよね」と、ゆうた君に言葉かけしていた。

遠足当日は、出かけた時は晴れていたが、動物園についてしばらくして、にわか雨になったのだった。

できあがったゆうた君の絵の右半分は、茶色と灰色を塗ったその上に、もう一度、青が塗られたようだった。

このエピソードでは、子どもが動物園に行った時の、どこかの場所での一瞬の間に見たことを描いているのではなく、時間経過の中で生じたこと、経験したことを絵にしている。つまり、最初は晴れていて、それからにわか雨になり、また晴れたという時間経過の中での遠足経験を描いているのである。保育者もまた、そういう時間経過において経験したことを描いていることを楽しく受けとめながら言葉かけをしているのである。

② 対象と絵の関係を一端切断して、モード概念を導入する

子どもの絵の発達理論に時間の観点を導入することは、写実性・規範性を完全に除外しようという意図ではない。写実性・規範性も含めた他の視点を含んだ全体の一部として、それを正当に位置づけるものである。スナップショットモデルは、子どもが絵を描くということの様々なことを含む全体の中の特殊な一モデルとして位置づけたいのである。そういう位置づけをすることで、子どもの絵を見る観点が豊かで楽しくなる。

では、全体とはどういうものか。その一端を事例から考えてみよう。

先述の動物園の遠足の生活画での保育者の言葉かけでは、まだ、描画対象と描いた絵の間に指示的な関係が想定されている。しかし、絵画製作場面では、両者の関係が想定されていない場面を見かけることがある。そういう時には、「なに描いたの？」とは異質な保育者の言葉かけを聞くことができる。たとえば、以下の担任の言葉かけ（梅本１９９５）は、その一例である。

エピソード　水族館の海亀

水族館に行って大きな海亀を見た子どもが、亀を描いていた時、保育者が他の子どもとかかわっている間に、その子は亀の上に絵の具をぬりつぶしてしまった。ちょうど、その場に私は入った。

こんな時「あら、せっかく描いていたのにおしいことしてしまったね。ぐちゃぐちゃにしたら駄目よ」と言う。

しかしこの時の担任は「亀さんが水の下の方へ行ってしまったね。また上の方へ上がって来てくれるかな」と言った。

梅本は、「あら、せっかく描いていたのにおしいことしてしまったね。ぐちゃぐちゃにしたら駄目よ」と言うのが、保育現場でよく聞かれる言葉かけだと言う。亀は水族館で見たものであり、絵は、その経験をもとに、その亀を描いたという前提にたった言葉かけである。このような言葉かけの背後には、絵と対象（亀）の間に類似性のような関係があることが前提になっている。

一方、担任の言葉かけは、そのような解釈には収まりきらない。たしかに、水族館で見た亀が、この絵のモチーフになっているとしても、その亀を描くというよりも、紙の上に描かれた形象を題材にして、自由にイメージを展開して楽しんでいる。その絵が水族館で見た亀と類似しているかどうかにはこだわっていない。

おそらく、子どもが楽しく描いている保育実践を見るならば、子どもも保育者も、その時には、描画対象と描いている絵の関係（類似性）が希薄になったり、場合によっては、対象について意識することなく無関係に描いているのだろう。

このような事例から、絵を描いている時の子どもの意識において、描画対象と描画結果（絵）の関係をどう意識しているかについて濃淡があると考えるのが妥当だろう。その程度によって、以下の3段階に分けてみる。

①強い関連がある　両者の間に類似性・指示性・代理性があり、しばしば、描画結果としての絵が、写実的、規範的であることが良い絵として評価される。

②弱い関連がある　両者に一定の関連はあるが、それほど強くはない。対象が描画活動のモチーフとなる。（経験したことが）描画活動を触発するのが一例である。

③無関係である　そもそも描画しているときに対象は想定されない。描画行為とその産物としての形象があるだけである。

以上から、子どもたちが早期から絵についての苦手意識をもつようになることに関わって、子どもの絵の発達理論に内在する問題点について整理してみると、①は、描画という活動全体のごく一部であるという意味での局所理論にすぎないのに、それがすべてであるかのように見る発達研究と、それに呼応する保育現場（保育者も子どもも）での暗黙の前提が、保育実践に影響して、子どもに絵の苦手意識を生み出している、ということができる。

したがって、苦手意識を解消する方向で理論を考えると、その1つの方向性は、一端、描画対象と描画結果（絵）には、強い関係がある場合から、関係がないまでの幅があり、両者の類似性などを仮定する理論は、その全体の中の局所の理論であると考えることである。

実際に楽しく描画している状況では、①から③までの意識が混在しながら、子どもはそれらの間を自在に行き来しながら描いているのではないだろうか。同時に、保育者もまた、それらを自在に行き来しながら楽しんでいるのだろう。

以上のことを図示してみる。

図4-1は、描画実践の志向性を2つの軸で整理したものである。横軸は描画結果と描画対象の関係の軸である。一方が両者に強い関連性があると考える方向性、つまり、代理性・指示性・類似性を志向する実践（しばしば写実的な絵が評価される）である。逆方向は関連性が希薄、あるいは、関連性がない実践であり、描画とはあくまで、描いている紙上で形象や意味がつくり出される活動だと考える。

これに対して、縦軸は描画結果である絵の形象の普遍性・個別性に関する軸である。一方の極は描画結果である絵の形象について規範性（多くの人が共有する一般的で普遍的な形象）を価値として志向する実践方向であり、反対は、描画結果としての絵がその作者ごとの個別性、多様性を価値として志向する実践方向になる。

このように整理すると、図のように4つの領域に区分できる。それぞれに、実践の志向

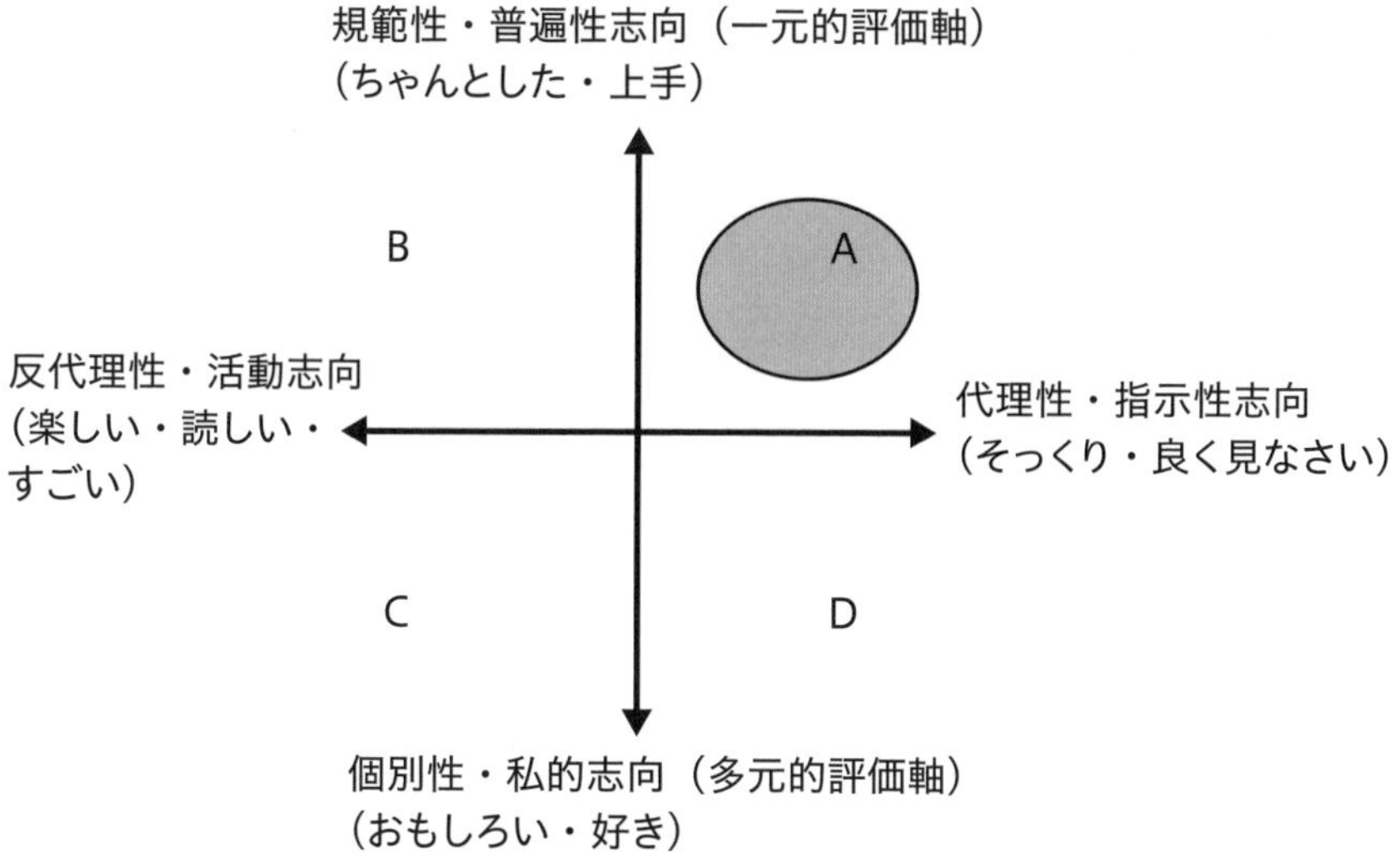

図4-1　描画場面での保育者のアプローチにおける2つの志向性と4つの領域（モード）
各モードのカッコ内は、そのモードで保育者の子どもへの言葉かけの例

性が異なるので、これをモードと呼ぶことにする。

　Aモードは、普遍性・規範性と写実性を志向する。Aモードにおいては、保育者は、代理性の観点から、子どもの絵に対して、「良く描けた（対象と似ている）」、と評価し、類似していない絵に対しては、「良く見なさい」「……はそんな形？」というような言葉かけをする。保育者と子どもの意識が、このモードに固定化して保育実践が持続すれば、描画結果に対する評価的な意識がきわめて強くなり、それが、子どもの自由な描画を縛り、絵の苦手意識を生み出すと考えられる。

　現在、保育現場で、子どもに絵の苦手意識を生み出している保育者や子どもの意識が、図4-1のAモードに○で示したような範囲にあると考える。

Cモードは Aモードの対極にあり、個別性・多様性と反代理性を志向する。描画結果としての絵を作品として重視するというよりは、描く活動を楽しむ。描画対象と絵の関係よりは、産出される形象の色彩、線質、構図などの美しさやおもしろさを志向する。Cモードにおける保育者の言葉かけは、描画を遊び活動として楽しむ、芸術として鑑賞するなど、多彩に展開されると想像される。その時に、保育者は、たとえば、「おもしろい」「きれい」であったり、その絵をきっかけに遊びがはじまるような言葉かけをしている。先述した、「水族館の亀」のエピソードの担任は、遊び活動的な志向性をもちながら保育していたと思われる。これらは、描きながら子どもと一緒にファンタジーの世界を生み出し、それを楽しんでいるということができるだろう

乳児クラスの保育実践においては、子どもの描画はなぐり描きと呼ばれるように、形象が不明確なものである。その活動は、ある程度、明確な形を描くようになってからでも、絵画製作というよりは、描材をつかった遊びである場合が多い。たいていの保育者は乳児を担任している時には、Cモードにおいて実践している時間が多く、ときどき、BモードやDモードになる程度であろう。

しかし、絵の苦手意識が低年齢化しているのは、早期から、子どもに規範性や写実性を意識させるAモードでの実践が多くなっているからではないだろうか。

4-5 モード概念を用いて絵の苦手意識を解釈する

保育現場で、図4-1の、Aモードでの実践が多いことが、子どもが絵について苦手意識が生まれることを促していると述べた。しかし、Aモードにおいて、子どもがいきいきと楽しんで絵を描いている場合もありうる。Cモードだけでの実践を続けた場合でも、保育者が評価的なまなざしで実践すれば、子どもが絵を描くことに関心をもたなくなったり、絵を描くことを嫌いになるということはありうる。Cモードで実践すれば、苦手意識が生まれないというわけではない。つまり、4つのモードでの実践がそのまま、単純に、子どもの絵の苦手意識を生み出す程度に対応しているわけではない。和田（2012）の実践のエピソードから、苦手意識と実践との関係について考察する。

エピソード（和田　2012）**5歳児のなんでもできる女児が描けない**

3歳入園の、えみかちゃん。4月生まれで、認識力が高く、一見、なんでもできるように見える。しかし、友だちへの広がりがなかなか、見られなかった。あたらしいことになかなか踏み出せなかった。友だちとの気持ちの伝えあいの場面では、暗い表情になり、1人でふさぎこんでしまう。

「絵が好きでいつも1人で描いているよ」と家族は言う。保育園では自由時間でも絵を描こうとしなかった。デカルコマニーでさえ、不安がいっぱいでやれず、1人離れて見ている状態。「ちゃんと描きたい、でもうまく描けないかもしれない」、そんな狭間で苦しんでいるように見えた。

この女児のような場合、しばしば、苦手意識は、女児の心の内部にあり、その苦手意識を和らげる心理的な働きかけをどうするかという方向で議論が展開する。しかし、この女児は家では楽しく描いている。つまり、絵を描くことそのものが苦手という解釈は妥当ではない。

また、この女児は、園ではデカルコマニーのような場面でも取り組まないということから、園で期待される絵と家で描く絵が異なるので、園では描こうとしないという解釈は成り立たない。

以上から、この女児が園で描こうとしないのは、園では、図4-1の1つのモードのなかで（Aモードと考えるのが妥当であろう）描こうとしているために評価を気にしているからと考えるのが妥当であろう。

一方、家では、その時の気分によって、4つのモードを自由に行き来しているので、楽しく描くことができるのだろう。

先述した、梅本のエピソードで、担任は「亀さんが水の下の方へ行ってしまったね。また上の方へ上がって来てくれるかな」と言った。この時、保育者の意識は、図4-2のC

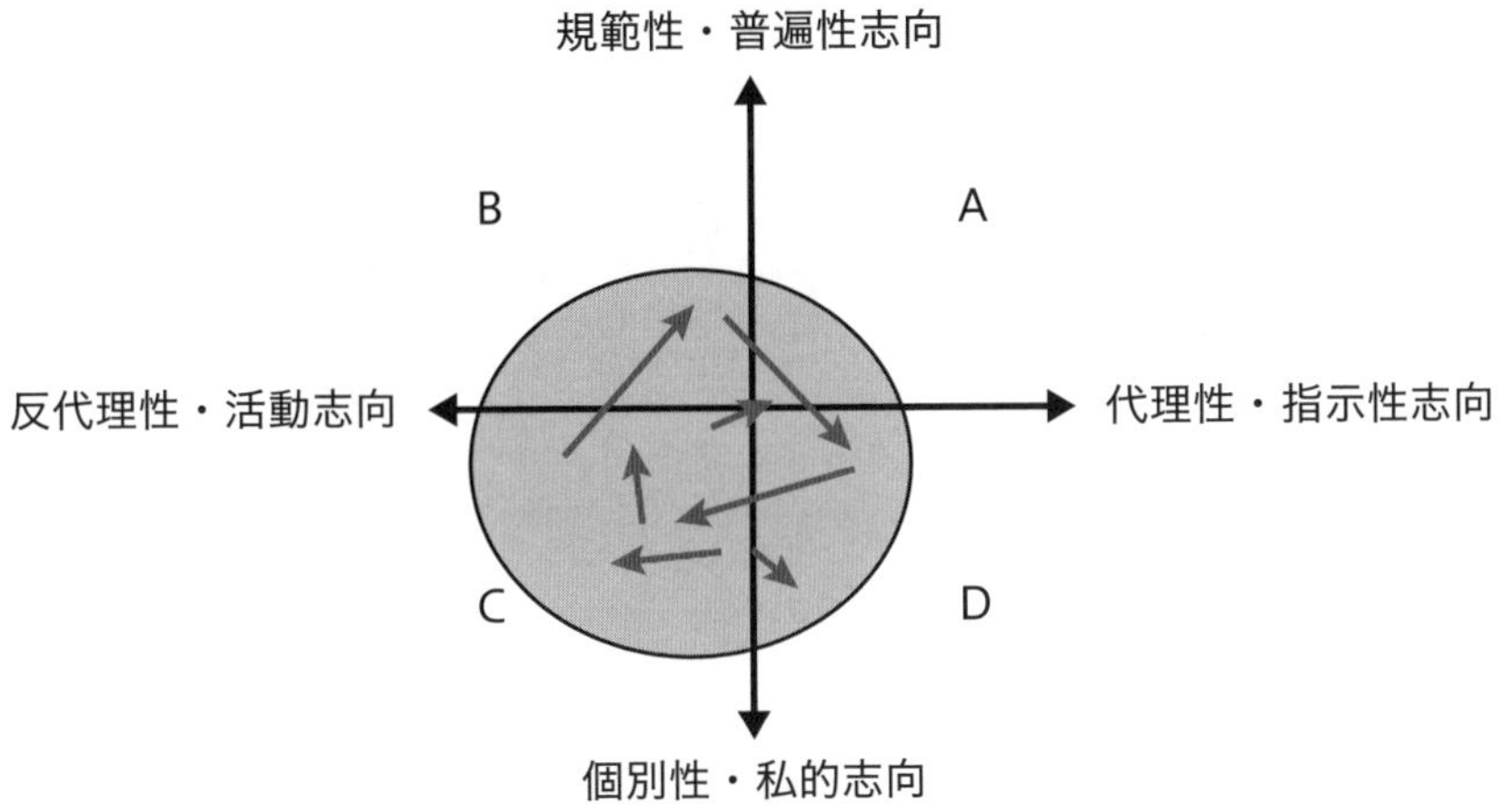

図4-2　楽しく描画活動している保育
Cモードを中心にして、複数のモードを移行しながら（矢印）活動を楽しんでいる

モードにいたと想像できるが、この担任がいつもCモードにいるとは限らず、時には、他の3モードも含めて行き来していたと考える。

ここまで、写実性・規範性を価値として評価する保育実践をとりあげて、それが子どもの絵の苦手意識を生み出すことを考察してきた。だからと言って、Cモードのように、ある種の別の芸術性を価値として、その観点から評価すれば、それも、苦手意識を生み出してしまうはずである。つまり、特定のモードに実践が固定化して、そのモードに関わる観点から子どもの絵を評価して、絵の優劣に関して序列的な意識が固定化すれば、その保育者のクラス、あるいは、その園の子どもたちにおいて、少なくない割合で絵の苦手意識をもつ子どもが生まれ低年齢化する。

図4-2に、いくつもの矢印を描き入れたように、柔軟にいろいろなモードを出入りしながら、発想を豊かに描くことを楽しむ、そういう保育実践がありうるはずであろう。

4-6 保育実践と子どもの絵の発達理論の接点

最後にこれまでの考察をまとめてみる。

子どもの絵画製作等における描画を、出来上がった絵に注目することから、絵を描く活動として注目して、その見方を豊かに広げるためには、子どもの絵の発達理論に時間の観点（その一時点で、何が見えていたかを描くという意識の縛りを解き放つ）を導入する必要がある。

描画の対象となる経験を4次元活動（3次元空間を時間を伴って経験している）とみなし、同時に、描画製作活動を3次元活動（2次元の紙の上に、時間を伴って描く）として把握することで、子どもが絵を描くということの実態に多少なりとも接近することが可能になる。

それは、図4-1のAモードに固定化している絵の指導から、他のモード、とりわけ、Cモードとしての描画（Cモードでは、ファンタジーを楽しむ姿がよく見られる）に焦点をあてて、保育実践を理解する視野を広げることにつながる。

テキスト解釈学における疎隔概念、すなわち、（文学作品などにおいても）「作者の手を離れたテキストは、読者の自由な解釈に委ねる」を参考にすれば、絵においても、同じように、産出された形象は、その対象との関係を一端切断し、形象それ自体として、鑑賞者の解釈に委ねるという態度が自然なことだろう。そういう態度で子どもが描いている活動を見ることができれば、絵を描くことが好きなままでいる子どもが増えるのではないかと思う。子どもの絵の発達理論にモード概念を導入して、見方を広くしようと主張する含意は、そういう点にある。

文献

田中義和　２０１１　子どもの発達と描画活動の指導　ひとなる書房
リュケ、Ｇ・Ｈ・１９７９　須賀哲夫監訳　子どもの絵　金子書房
Freeman, N.H., & Janikoun, R. (1972). Intellectual realism in children's drawings of a familiar object with distinctive features. Child Development, 43, 1116-1121
梅本妙子　１９９５　『絵本と保育　読み聞かせの実践から』エイデル研究所、（１４５-１４６頁）
和田亮介　２０１２　安心して自分を表現できるってどういうこと？　現代と保育83号（28-35）

著者紹介

浜谷直人（はまたに　なおと）

首都大学東京　名誉教授

主な著書

浜谷直人2004　困難をかかえた子どもを育てる：子どもの発達の支援と保育のあり方　新読書社

浜谷直人（編著）2009　発達障害児・気になる子の巡回相談：すべての子どもが「参加」する保育へ　ミネルヴァ書房（編著）

浜谷直人　2010　保育力：子どもと自分を好きになる　新読書社

浜谷直人（編著）2013 仲間とともに自己肯定感が育つ保育：安心のなかで挑戦する子どもたち　かもがわ出版

浜谷直人・江藤咲愛　2015　場面の切り替えから保育を見直す：遊びこむ実践で仲間意識が育つ　新読書社

浜谷直人・三山岳（編著）2016　子どもと保育者によりそう巡回相談：発達がわかる、保育が面白くなる　ミネルヴァ書房

浜谷直人・芦澤清音・五十嵐元子・三山岳　2018　多様性がいきるインクルーシブ保育：対話と活動による豊かな実践に学ぶ　ミネルヴァ書房

その他

連絡先　naotoha@jt6.so-net.ne.jp

困難を抱えた子どもの
保育臨床とファンタジー

2019年7月24日　初版第1刷発行

著　者　浜谷直人
発行者　伊集院郁夫

発行所　㈱新 読 書 社
東京都文京区本郷 5-30-20
電話 03-3814-6791
FAX 03-3814-3097

印刷　㈱Sun Fuerza　　組版　リュウズ
ISBN978-4-7880-2144-0

好評発売中